农业水价综合改革理论与实践探索

周　彬　张丰莉　杨忠文　主编

黄河水利出版社
·郑州·

内 容 提 要

本书以农业综合水价改革为主题，对农业水价综合改革的内容、意义，农民用水户协会规范化建设，农业水价综合改革水价形成机制、精准补贴的形成机制以及项目组织与管理和项目监测评价方面进行了阐述，吸收了各地在水价改革实施过程中的实践经验，回答了在实际操作中遇到的问题，为从事水价改革的基层工作者提供一套可行性操作方法。

本书可作为培训教材，旨在通过培训宣传，提高农民和基层工作者对农业综合水价改革的认识，也使农业综合水价改革的工作健康持续顺利开展。

图书在版编目(CIP)数据

农业水价综合改革理论与实践探索/周彬，张丰莉，杨忠文主编. —郑州：黄河水利出版社，2021. 8

ISBN 978-7-5509-3057-5

Ⅰ. ①农…　Ⅱ. ①周…②张…③杨…　Ⅲ. ①农村给水-水价-物价改革-研究-中国　Ⅳ. ①F726. 2

中国版本图书馆 CIP 数据核字(2021)第 157574 号

出 版 社：黄河水利出版社　网址：www. yrcp. com

地址：河南省郑州市顺河路黄委会综合楼 14 层　邮政编码：450003

发行单位：黄河水利出版社

发行部电话：0371-66026940、66020550、66028024、66022620(传真)

E-mail：hhslcbs@ 126. com

承印单位：河南承创印务有限公司

开本：787 mm×1 092 mm　1/16

印张：10. 5

字数：183 千字　印数：1—1 000

版次：2021 年 8 月第 1 版　印次：2021 年 8 月第 1 次印刷

定价：60. 00 元

前　言

我国水资源短缺，人均占有水资源量只有 2 100 m^3，仅为世界人均水平的三分之一，按照国际标准，我国属于中度缺水的国家，我省则属于严重缺水地区。农业又是用水大户，占总用水量的 60%以上。在水资源十分紧缺的同时，农业水资源利用效率不高，粗放、浪费用水问题普遍存在，大水漫灌的灌溉方式仍普遍存在，其中重要原因之一就是农业用水水费普遍较低，只收电费，不收水费，没有把水作为资源看待，任性地浪费。

为了从制度上遏制水资源的浪费，国家制定了农业水价综合改革方案，国家发展改革委印发了《关于创新和完善促进绿色发展价格机制的意见》，提出了要深入推进农业水价综合改革，进一步明确了工作重点和政策要点，要求全国各地普遍实行阶梯水价，以经济手段，增强人们的节水意识，减少农业用水总量，缓解农业用水紧张的态势，保障国家水安全。但是作为基层农民，对此认识不足，体会不到水资源的危机，对水价改革工作泰然处之，不积极、不配合、得过且过；一提到水价改革，就认为是提高水价、多收费。基层干部也因为水价改革是一个全新的工作，没有经验可循，甚至不知道从何入手。因此，为了推进农业水价综合改革，促进农业节水和农业可持续发展，我们组织了一些在基层工作的同志，根据各自在水价改革工作中的切身体会，编写了本书，旨在宣传水价改革的重大意义，交流水价改革工作中的经验，介绍水价改革工作的方式方法，促进水价改革工作健康快速进展，全面落实节水优先、空间均衡、系统治理。

本书共分十二章，由周彬、张丰莉、杨忠文任主编 ，张陆生、姚森、蔡丽娜、王璐任副主编，参加本书编写的作者还有卢占设、张绍发、张顺学、包英飞、杜丹等。河南省水利学会秘书长王延荣教授、河南省科技推广中心梁志宸教授、解放军信息工程大学李万顺教授也为本书的编写提供了很大帮助；夏邑县水利局、鄢陵县水利局、卫辉市水利局、南召县水利局、封丘县水利局、新野县水利局、镇平县水利局、社旗县水利局、内乡县打磨岗灌区为本书编写提供了大量原始材料，在此一并表示感谢！

编　者

2021 年 6 月

前言

目 录

三、提高农业供水效率和效益

加强供给侧结构性改革，加快完善大中小微并举的农田水利工程体系。做好工程维修养护，保障工程良性运行。强化供水计划管理和调度，提高管理单位运行效率，强化监督检查，加强成本控制，建立管理科学、精简高效、服务到位的运行机制，保障合理的灌溉用水需求，有效降低供水成本。加强水费征收与使用管理。建立中央财政农田水利资金投入激励机制，重点向农业水价综合改革积极性高、工作有成效的地区倾斜。

四、加强农业用水需求管理

在稳定粮食产量和产能的基础上，因地制宜调整优化种植结构。适度调减存在地表水过度利用、地下水严重超采等问题的水资源短缺地区高耗水作物面积。选育推广需水少的耐旱节水作物，建立作物生育阶段与天然降水相匹配的农业种植结构与种植制度。大力推广管灌、滴灌等节水技术，集成发展水肥一体化、水肥药一体化技术，积极推广农机农艺相结合的深松整地、覆盖保墒等措施，提升天然降水利用效率。开展节水农业试验示范和技术培训，提高农民科学用水技术水平。

五、探索创新终端用水管理方式

鼓励发展农民用水自治、专业化服务、水管单位管理和用户参与等多种形式的终端用水管理模式。支持农民用水合作组织规范组建、创新发展，并充分发挥其在供水工程建设管理、用水管理、水费计收等方面的作用。推进小型水利工程管理体制改革，明晰农田水利设施产权，颁发产权证书，将使用权、管理权移交给农民用水合作组织、农村集体经济组织、受益农户及新型农业经营主体，明确管护责任。通过政府和社会资本合作（PPP）模式、政府购买服务等方式，鼓励社会资本参与农田水利工程建设和管护。

第三节　建立健全农业水价形成机制

一、分级制定农业水价

农业水价按照价格管理权限实行分级管理。大中型灌区骨干工程农业水价原则上实行政府定价，具备条件的可由供需双方在平等自愿的基础上，按照有利于促进节水、保障工程良性运行和农业生产发展的原则协商定价；大中型灌区末级渠系和小型灌区农业水价，可实行政府定价，也可实行协商定价，具体方式由各地自行确定。加强政府定价成本监审，充分利用节水改造腾出空间，综合考虑供水成本、水资源稀缺程度以及用户承受能力等，合理制定供水工程各环节水价并适时调整。供水价格原则上应达到或逐步提高到运行维护成本水平；确有困难的地区要尽量提高并采取综合措施保障工程良性运行。水资源紧缺、用户承受能力强的地区，农业水价可提高到完全成本水平。

二、探索实行分类水价

区别粮食作物、经济作物、养殖业等用水类型，在终端用水环节探索实行分类水价。统筹考虑用水量、生产效益、区域农业发展政策等，合理确定各类用水价格，用水量大或附加值高的经济作物和养殖业用水价格可高于其他用水类型。地下水超采区要采取有效措施，使地下水用水成本高于当地地表水，促进地下水采补平衡和生态改善。合理制定地下水水资源费(税)征收标准，严格控制地下水超采。

三、逐步推行分档水价

实行农业用水定额管理，逐步实行超定额累进加价制度，合理确定阶梯和加价幅度，促进农业节水。因地制宜探索实行两部制水价和季节水价制度，用水量年际变化较大的地区，可实行基本水价和计量水价相结合的两部制水价；用水量受季节影响较大的地区，可实行丰枯季节水价。

第四节　建立精准补贴和节水奖励机制

一、建立农业用水精准补贴机制

在完善水价形成机制的基础上，建立与节水成效、调价幅度、财力状况相匹配的农业用水精准补贴机制。补贴标准根据定额内用水成本与运行维护成本的差额确定，重点补贴种粮农民定额内用水。补贴的对象、方式、环节、标准、程序以及资金使用管理等，由各地自行确定。

二、建立节水奖励机制

逐步建立易于操作、用户普遍接受的农业用水节水奖励机制。根据节水量对采取节水措施、调整种植结构节水的规模经营主体、农民用水合作组织和农户给予奖励,提高用户主动节水的意识和积极性。

三、多渠道筹集精准补贴和节水奖励资金

统筹财政安排的水管单位公益性人员基本支出和工程公益性部分维修养护经费、农业灌排工程运行管理费、农田水利工程设施维修养护补助、调水费用补助、高扬程抽水电费补贴、有关农业奖补资金等,落实精准补贴和节水奖励资金来源。

第五节　保障措施

一、落实地方责任

各地区要进一步提高认识,把农业水价综合改革作为改革重点任务,积极推进落实。省级人民政府对本行政区域农业水价综合改革工作负总责,要切实加强组织领导,结合实际制定具体实施方案,明确改革时间表和分步实施计划,细化年度改革目标任务,建立健全工作机制,抓好各项措施落实。及时协调解决改革中遇到的困难和问题,定期总结改革经验,具备条件的要适时予以推广。

二、加强指导协调

发展改革委、财政部门、水利部门、农业农村部门要认真履行职责,强化协调配合,加大对各地农业水价综合改革工作的指导和支持力度,每年向国务院报告进展情况。

三、强化宣传引导

各有关部门和地方各级人民政府要做好农业水价综合改革的政策解读,加强舆论引导,强化水情教育,引导农民树立节水观念、增强节水意识、提高有偿用水意识和节约用水的自觉性,为推进农业水价综合改革创造良好社会环境。

第二章　农业水价综合改革的意义

为什么要进行农业水价综合改革？我们认为农业水价综合改革关乎国家水安全的需要，关乎国家粮食安全的需要，也是完善农田灌溉系统的需要。

第一节　水安全的需要

水是生命之源，人类的存在和发展都离不开水。全球的水若分为100份，海水占97份，淡水占3份（其中冰占2份），人类赖以生存的淡水不足1份。

世界水日（world water day），是1993年1月18日，第47届联合国大会做出决议，每年的3月22日为"世界水日"，是人类在20世纪末确定的又一个节日。其目的是唤醒公众的水意识，建立一种更为全面的水资源可持续利用体制和相应的运行机制。为满足人们的日常生活、商业和农业对水资源的需求，联合国长期以来致力于解决因水资源需求上升而引起的全球性水危机，1977年召开的"联合国水事会议"，向全世界发出严重警告：水不久就会成为一个深刻的社会危机，继石油危机之后的下一个危机便是水。

我国是一个干旱缺水严重的国家，我国的淡水资源总量为28 000亿 m^3，占全球水资源的6%，仅次于巴西、俄罗斯和加拿大，名列世界第4位。但是我国的人均水资源只有2 300 m^3，仅为世界平均水平的1/4，是全球人均水资源最贫乏的国家之一。然而中国又是世界用水量最多的国家，仅2002年，全国淡水取用量达到5 947亿 m^3，约占世界年取水量的13%，是美国1995年淡水供应量4 700亿 m^3 的1.2倍左右。

我国从20世纪70年代开始闹水荒，这不是危言耸听，而是客观存在的事实。80年代以来，中国的水荒已经由局部蔓延到全国，情势越来越严重，对农业和国民经济带来了严重影响。

中国的水资源分布情况是南多北少，而耕地分布则是北多南少。比如中国的小麦、棉花的集中产区——华北平原，耕地面积约占全国的40%，而水资源只占全国的6%左右，水、土资源配合欠佳的状况，进一步加剧了北方地区缺水的程度。

习近平总书记关于"节水优先、空间均衡、系统治理、两手发力"的治水思路,赋予了新时期治水的新内涵、新要求、新任务,为我们强化水治理、保障水安全指明了方向,是我们做好水利工作的科学指南。节水优先,这是针对我国国情、水情,总结世界各国发展教训,着眼中华民族永续发展做出的关键选择,是新时期治水工作必须始终遵循的根本方针。空间均衡,这是从生态文明建设高度,审视人口经济与资源环境关系,在新型工业化、城镇化和农业现代化进程中做到人与自然和谐的科学路径,是新时期治水工作必须始终坚守的重大原则。系统治理,这是立足山水林田湖生命共同体,统筹自然生态各要素,解决我国复杂水问题的根本出路,是新时期治水工作必须始终坚持的思想方法。两手发力,这是从水的公共产品属性出发,充分发挥政府作用和市场机制,提高水治理能力的重要保障,是新时期治水工作必须始终把握的基本要求。

2000 年农田灌溉的总用水量占全社会总用水量的比例是 63%,2013 年底,农田灌溉的总用水量占全社会总用水量的比例是 55%。我国水资源总量 28 000 亿 m^3,其中可利用量 8 140 亿 m^3,力争到 2020 年控制全国用水总量是 6 700 亿 m^3,到 2030 年控制在 7 000 亿 m^3。全国农田灌溉的用水量一年平均在 3 400 亿~3 700 亿 m^3,能够提高 10%的利用率,就能节约出 300 多亿 m^3 的水。

世界发达国家农业用水占全社会用水的比例大约是 40%,世界发展中国家目前农业用水量占全社会用水量的比例是 60%~65%。相对欠发达国家,基本上农业用水量占全社会用水量的比例是 80%~85%,目前我们是 55%,基本上处在发展中国家的层次。随着高效节水灌溉面积的推广,农田灌溉水有效利用系数将会继续得到提高,到 2020 年,计划提高到 0.55;到 2030 年,把农田灌溉水有效利用系数提高到 0.6,当农田灌溉水有效利用系数由 0.52 提高到 0.60 的时候,在总用水量不变的情况下,农业用水的比例肯定要比 55%下降不少。

因此,落实好“节水优先、空间均衡、系统治理、两手发力”,农业是用水大户,也是节水潜力所在。做好农业水价综合改革工作,对于节水是比重大、任务重,又是受益大、收益效果明显,是国家水安全的需要。

第二节　粮食安全的需要

民为国基,谷为民命。粮食事关国运民生,粮食安全是国家安全的重要基础。中华人民共和国成立后,中国始终把解决人民吃饭问题作为治国安邦的首要任务。70 年来,在中国共产党的领导下,经过艰苦奋斗和不懈努力,中国在农业基础十分薄弱、人民生活极端贫困的基础上,依靠自己的力量实现了粮食基本自给,不仅成功解决了近 14 亿人口的吃饭问题,而且居民生活质量和营养水平显著提升,粮食安全取得了举世瞩目的巨大成就。

党的十八大以来,以习近平同志为核心的党中央把粮食安全作为治国理政的头等大事,提出了“确保谷物基本自给、口粮绝对安全”的新粮食安全观,确立了以我为主、立足国内、确保产能、适度进口、科技支撑的国家粮食安全战略,走出了一条中国特色粮食安全之路。中国坚持立足国内保障粮食基本自给的方针,实行最严格的耕地保护制度,实施“藏粮于地、藏粮于技”战略,持续推进农业供给侧结构性改革和体制机制创新,粮食生产能力不断增强,粮食流通现代化水平明显提升,粮食供给结构不断优化,粮食产业经济稳步发展,更高层次、更高质量、更有效率、更可持续的粮食安全保障体系逐步建立,国家粮食安全保障更加有力,中国特色粮食安全之路越走越稳健、越走越宽广。

粮食安全是世界和平与发展的重要保障,是构建人类命运共同体的重要基础,关系人类永续发展和前途命运。作为世界上最大的发展中国家和负责任大国,中国始终是维护世界粮食安全的积极力量。中国积极参与世界粮食安全治理,加强国际交流与合作,坚定维护多边贸易体系,落实联合国 2030 年可持续发展议程,为维护世界粮食安全、促进共同发展做出了积极贡献。

从中长期看,中国的粮食产需仍将维持紧平衡态势,确保国家粮食安全这根弦一刻也不能放松。从需求形势看,随着经济社会发展,人均口粮消费将稳中略降,饲料和工业转化用粮消费继续增加,粮食消费总量刚性增长,粮食消费结构不断升级。从生产形势看,农业生产成本仍在攀升,资源环境承载能力趋紧,农业基础设施相对薄弱,抗灾减灾能力有待提升,在确保绿色发展和资源永续利用的同时,稳定发展粮食生产压力较大。从流通形势看,粮食生产将继续向核心产区集中,跨区域粮食流通量将进一步增加,粮食市场大幅波动的风险依然存在。

展望世界粮食安全形势,国际粮农机构全球粮食安全治理效果逐步显现,各国促进国际粮食市场有序流通、维护世界粮食市场总体稳定的愿望增强,贫困缺粮国家粮食生产得到发展,能够减轻国际市场波动对国内市场带来的不利影响,为中国和世界粮食安全营造良好环境。与此同时,当今世界粮食安全挑战依然严峻,仍有 8 亿多饥饿人口,国际粮食贸易面临着保护主义和单边主义的干扰,不稳定因素增加,实现相关可持续发展目标任重道远。

立足国内,放眼全球,中国将继续坚定不移地走中国特色粮食安全之路,全面贯彻新发展理念，全面实施国家粮食安全战略和乡村振兴战略，全面落实"藏粮于地、藏粮于技"战略，推动从粮食生产大国向粮食产业强国迈进，把饭碗牢牢端在自己手上。

水是农业发展的命脉，对于粮食生产乃至粮食安全具有不可估量的作用。做好农业水价改革工作，全面实施节水灌溉，不仅是节水的需要，也是国家粮食安全的需要。

第三节　完善农田灌溉系统的需要

中华人民共和国成立以后，党和政府领导广大人民群众大力建设一大批农田水利设施，有的水利设施现在仍在发挥作用，为解决 14 亿人口的吃饭问题，为国家的粮食安全，做出了突出贡献。但随着时间久远，存在的问题也越来越突出。

农田水利排灌设施不完善。排灌机械已广泛应用于灌溉、排涝、防洪、供水等农业生产和水利建设中，但从排灌机械应用情况看，我国排灌机械低端产品比较多、高端产品少，产品能耗高、适应性差、智能化程度较低。全国 91% 的灌区采用地面灌水技术，农田灌溉水有效利用系数仅 0.53，这说明灌区一半左右的水资源在输水、配水和田间灌水过程中浪费掉。小型机电灌站运行期过长，机泵普遍老化，防渗渠道损坏严重，有的沟渠甚至被堵塞弃用。

农田水利工程普遍老化。许多地方对发展水利的重要性认识不足，对农田水利的基础地位认识不深，开展农田水利建设的积极性不高，节水意识和水环境保护意识较差。农田水利设施投入不足，许多地区农田水利建设始于 20 世纪 60 年代，排灌建设标准低，排灌设施老化，存在灌溉涵管漏水问题，使很多水利设施成为摆设，没有真正发挥其补旱排涝作用。

农田水利设施投入不足。有的地区偏重于大中型骨干水利项目，而对小型农业水利基础设施建设重视不够，补助资金少，争取项目难。地方财力普遍不足，影响当地农田水利工程基础设施建设，有的地区长期没有水患发生，对水利工程建设不够重视。农田水利建设资金使用分散，没有形成设施投入合力，导致有限的资金难以发挥应有的效益。

劳动力及修护成本上升。土地承包到户后，一家一户的土地经营机制彻底改变了原有的公社集体所有制模式，动员广大农民投身参与农田水利工程建设已行不通，也很少有人主动参与。只有那些与己相关的农田水利工程，他们才会舍得出工出力。同时，农村种粮效益较低，许多青壮年劳动力宁愿选择进城务工,也不愿束缚在收入微薄的土地上,导致农村劳动力尤其是青壮年劳动力短缺。让这些留守的老人和妇女参与农田水利工程,不仅工作效率低下,而且难以保证施工质量。为此,绝大多数农田水利工程建设依靠项目资金支持,雇用施工队来完成,导致修建、维护等成本上升。

井灌区管理水平滞后。土地承包经营制的实施,给原本集体所有的小电灌站的后期管理带来困难,许多地区水利灌溉设施建设后没有专业人员管理,导致设备丢失、房屋损坏现象屡屡发生。近年来一些地区遭遇连续干旱,导致农田灌溉用水严重不足,一些机井水位严重下降,部分区域水井越打越深,吊泵现象时有发生。

面对这些情况,需要做好农业水价综合改革工作,建立相对稳定的农田水利灌溉队伍,多方筹措农田水利资金,加大农田水利工程建设力度,提高农田水利灌溉管理水平。因此说,农业水价改革系统的需要。

第三章　农民用水户协会规范化建设

农民用水户协会，就是以某一灌溉区域为范围，由农民自愿组织起来的实行自我服务、民主管理的农村用水合作组织，它是农村专业经济合作组织的一种，是具有法人资格，实行自主经营、独立核算、非营利性的群众性社团组织。

农民用水户协会是经过民主协商、经大多数用水户同意并组建的不以营利为目的的社会团体，是农民自己的组织，其主体是受益农户。在协会内成员地位平等，享有共同权利、责任和义务。简单地说，用水户协会就是农民自己的组织，由农民自己管理，为自己服务。

农民用水户协会成立后，灌区实行“灌区水管单位+协会+农户”的管理体制和运行机制，既可避免千家万户或单个村组要水造成无序供水的浪费，并可实现整个灌区水的统一调度，提高用水效率和效益。

第一节　农民用水户协会的建立

一、协会的组织结构

县级农民用水户代表大会是县级协会的权利机构，确定协会执委会的人选，确定协会监事会人选，确定协会的重大事项，审议批准执委会、监事会的工作报告。县级农民用水户代表大会可定期、不定期召开会议。

协会可设乡镇分会、村组分会，乡镇分会、村组分会接受协会的领导。

县、乡、村各级农民用水户协会是一个有机整体。县协会负责工作总体协调、建章立制、政策指导等工作，乡镇协会负责上下衔接、监管运营维护费等工作；村级协会负责用水管理、设备维护等具体执行工作。

协会执委会是代表大会的日常执行机构，协会监事会是协会的日常监督机构，都向代表大会负责。

各用水组通过灌溉区区域内所有会员参加的用水组会议选举产生若干名代表。根据用水量、灌溉面积的大小，兼顾地理位置，每个用水组由 1 名用水组首席代表、2 名副组长、财务人员及若干名委员组成的用水组委员会。委员由代表通过协商或选举产生，委员会领导本用水组的工作。用水者代表同时也是用水组的管水员，其主要职责是：①参加用水者代表大会，执行用水者代表大会的决议；② 制订和上报本用水组的用水计划，负责本用水组的灌溉调度，平衡用水户之间的利益，协调解决用水组内的水事纠纷；③根据协会的工程维修计划和要求，组织本用水组用水户做好内部灌溉工程的维修和管理工作；④ 负责或协助协会做好本用水组水费的收交工作；⑤及时反映用水户的意见和建议。用水组的会员大会是用水组的决策机构，其职责为：①选举本用水组的用水者代表；②审查和通过本用水组的用水计划；③按照一事一议的办法，审查和决定本用水组工程维修和集资兴建灌溉设施的方案。用水组会议每年至少召开 2 次例会，如果用水组内有 2/3 以上的会员提议，可以召开用水组会员特别会议，特别会议的职权与例会相同。用水者代表辞职，需事先写出书面申请。首席代表辞职由执委员批准，用水者代表辞职由用水组会员会议批准，在未得到批准之前，必须继续履行其职责。如果用水者代表缺员，应及时召开用水组会议补选。由各用水组的代表组成本协会的用水者代表大会。

二、人员组成

协会可设会长、副会长和秘书长作为执委会的组成人员，一般由 3～5 人组成。监事会一般由 3 人组成。村组一般设会长、会计、水管员 3 人。

三、报批程序

县级农民用水户协会，业务工作的主管部门为县水利局。其人员、协会章程、办公场地、注册启动经费（一般为 3 万元）确定后，向县民政局申请，县民政部门审核批准成立。县农民用水户协会接受县民政局指导，接受县级审计部门审计。

第二节　农民用水户协会的作用

（1）全面负责协会辖区内灌溉工程的建设、维护、运行、管理和供水调度。

（2）负责供水到户工作，向用水户供水并公开水费、水价、用水方量。

（3）为用水户提供与水利及灌溉有关的技术、咨询服务。

第三节 农民用水户协会的经费管理

一、用水户协会经费

农民用水户协会经费来源:①捐赠;②政府资助;③在核准的业务范围内开展活动或服务的收入;④利息;⑤其他合法收入。

经费必须用于协会规定的业务范围和事业的发展,不得在会员中分配。

建立严格的财务管理制度,保证会计资料合法、真实、准确、完整。

配备具有专业资格的会计人员。会计不得兼出纳;要定期公布财务收支情况;接受主管部门和群众的监督。

二、协会工作人员、管水员补贴

协会工作人员、管水员补贴,可根据其担任工作的性质、责任、工作量确定,也可参考本区域的用水量确定。

第四章　农业水权管理

水作为一种资源,归国家所有。农业水权分配的本质是农业水权权益的调整或确定。农业水权分配需要解决农业水权有多少、谁来分配农业水权、农业水权分配给谁、农业水权怎么分配等问题。水权不够或者用不完,怎么办?

第一节　谁来分配农业水权

我国《中华人民共和国水法》(简称《水法》)第三条规定:“水资源属于国家所有。水资源的所有权由国务院代表国家行使。农村集体经济组织的水塘和由农村集体经济组织修建管理的水库中的水,归该农村集体经济组织使用。”第四十八条规定:“直接从江河、湖泊或者地下取用水资源的单位和个人,应当按照国家取水许可制度和水资源有偿使用制度的规定,向水行政主管部门或者流域管理机构申请领取取水许可证,并缴纳水资源费,取得取水权。”《水法》确立了国家对水资源所有权的主体地位,确立了我国水资源所有权为国家所有和农村集体所有的公有性质。因此,县域范围内的农业水权,应该由县级水行政主管部门来分配确权,并颁发水权证书。

第二节　农业水权分配给谁

农业水权一般由县级水行政主管部门分配给土地确权所有者,向其颁发水权证书。若土地流转,可由土地确权所有者和土地经营者协商解决水权使用事项。

第三节　农业水权怎么分配

一、确定可分配总水量

收集整理全县社会经济、水文水资源、供水与用水现状等详细资料,分析县域内浅层地下水、当地地表水、域外调水等各种水源情况,以县级行政区域

第五章　农业水价综合改革水价形成机制

农业水价是农业水价综合改革的关键性工作。水价由发改委物价部门审核批准。如何确定农业水价？农业水价改革的总体指导思想是按照社会主义市场经济要求，通过建立科学合理的水价形成机制和管理体制，将水利工程供水水费由行政事业性收费转变为经营性收费，充分体现水利工程供水的商品价值，以适应农业生产发展和人民生活的需要，提高水管单位自我积累、自我发展的能力，实现水利经济良性循环，促进国民经济发展。

第一节　供水价格构成及资产核定

水利工程供水价格由供水生产成本、费用和利润构成。其中：①粮食作物供水价格由供水生产成本和费用构成，不含利润；②经济作物、水产养殖供水价格由供水生产成本、费用和利润构成。

一、供水生产成本

供水生产成本是指正常供水生产过程中发生的直接工资、直接材料、其他直接支出和制造费用。

直接工资包括直接从事水利工程运行人员和生产经营人员的工资、奖金、津贴和补贴。生产运行人员数按编委批准并参照水利部颁发的机构定员标准核定。

直接材料包括水利工程运行和生产经营中实际消耗的原材料、原水、辅助材料、备品原料、燃料动力以及其他直接材料。

其他直接支出包括直接从事水利工程运行人员和生产经营人员的职工福利费；水利工程运行的工程观测费、防洪、排涝发生的临时设施费等。按工程设计标准要求计算。

制造费用包括水管单位所属生产经营、服务部门的管理人员工资、职工福利费、固定资产折旧费、修理费和材料消耗、低值易耗品摊销、设计费、监测费、保险费、办公费、差旅费、水电费、劳动保护费、取暖费等。

对其他人员及其运管费用，因国家目前尚无相应的定额标准，其计入测算成本部分另行议定。

二、供水生产费用

供水生产费用是指为组织和管理供水生产经营而发生的合理销售费用、管理费用和财务费用。

销售费用是指水管单位为组织对用户供水而发生水费计收机构经费，包括人员工资、职工福利费、差旅费、办公费、低值易耗品摊销，代收水费手续费等及其他费用。

管理费用是指水管单位的管理部门为组织和管理供水生产经营、服务活动所发生的各项费用。包括管理机构经费、工会经费、职工教育费、劳动保险费、待业保险费、审计费、业务招待费等。

财务费用是指水管单位为供水生产筹集资金而发生的费用，包括水管单位在生产经营期间发生的利息支出(减利息收入)、汇兑净损失、金融机构手续费等。

折旧费的提取。按照国家财务制度规定，水管单位的固定资产要全面真实地入帐。对在建工程和已完工尚未入账的固定资产，要正确计价，根据工程概预算、固定资产形成率计算固定资产总值，均纳入本次测算范围。

在正确、全面、真实计算固定资产总值的基础上，按水利电力部、财政部(85)水电财字第93号或财政部(94)财农字第397号文规定计提折旧。

大修理费的提取。固定资产大修理费要按照水利电力部、财政部(85)水电财字第93号文件规定计提大修理费，计入成本、费用。

三、供水生产利润

供水生产利润是水管单位从事正常供水生产经营获得的合理收益。水利工程供水价格中的利润按净资产利润率核定。根据国家有关规定，经济作物、水产养殖用水价格的净资产利润率按1%~2%确定。

第二节 农业水价分摊和抵减

兼顾防洪和兴利的水库工程，防洪和兴利分摊按财政部(94)财农字第397号文件规定执行。

其他多目标供水的水费成本可采用联立求解的分摊方法，分摊后计入成本、费用。可参阅水利部水管司《水利工程水费标准核算规程》。

其他效益抵减：水管单位经营的水电站及水产用水水费应在供水成本和费用中抵减。水电站水费对结合用水的按多年平均发电量及年平均售电价的12%计算水费，小水电水费可略低于上述标准。水产用水按多年平均总产值的5%计算水费。

第三节　计量点和计费水量

水利工程供水计量点：自流灌区以支渠口为计量点；水库灌区和提水灌区以放水洞和泵站出口为计量点；农田机井以机井出水口为计量点。

水利工程供水实行计量收费。计费水量的计算要采取近年实测资料，没有实测资料的，水价测算可采用以下方法：

(1)大中型水库灌区的计费水量采用保证率供水量，采用运行期间多年平均供水量作为计费水量。

(2)提水灌区的计费水量采用灌溉期间泵站多年平均出水量作为计费水量。

(3)自流灌区以支渠口为计量点，其计费水量可以用亩均灌溉定额除以支、斗、农渠的渠系水有效利用系数进行计算，也可以参照支渠设计流量和各生育期需水情况进行推算。

计算多年平均供水量，对灌溉面积历年变化不大的灌区，采用算术平均；变化大的，采用加权平均；效益发挥不大或尚未发挥效益的，可采用设计供水量。

第六章 精准补贴机制

第一节 建立农业用水节奖超罚制度

在保证农业基本用水需求的基础上,建立“多用水多付费、少用水少付费、节约用水得补贴”的机制,推广计量收费和超定额累进加价相结合的用水制度,提高用水效率。根据地方用水定额标准,结合当地灌溉试验,科学确定不同作物用水定额标准。对定额内用水节约部分适当奖励。鼓励各乡镇、村委会、村民小组成立农民用水合作组织,负责农业水费收缴和农田水利工程的运行管护。农民用水合作组织应设立水费专户,实行专账管理。农民用水合作组织在每年年底前将各用水户的用水情况报乡(镇)水管站,乡(镇)水管站组织审查汇总后向市财政、水利部门申请农业水价综合改革节水奖励资金。经市财政、水利部门审定后,拨入农民用水合作组织水费专户。

农民用水合作组织应将农业水价综合改革节水奖励资金核算到每一个用水户,并在农业水价综合改革区域内进行公示,公示期为7 d。公示无异议后,由农民用水合作组织在30 d内向用水户直接发放农业水价综合改革节水奖励资金。

农业水价综合改革节水奖励具体标准根据农业水价综合改革资金情况及改革实施范围确定。

对超定额的农业生产用水实行累进加价。其中,超定额用水10%(含)以内的部分可加价20%;10%~30%(含)以内的部分可加价50%;30%~50%(含)以内的部分可加价100%;50%以上部分可加价200%。

对超限额用于农业生产的地下水,按照不低于每立方米0.5元的标准征收水资源费,具体标准可自行确定。

第二节 建立农业用水精准补贴制度

在完善水价形成机制的基础上,建立与节水成效、调价幅度、财力状况相匹配的农业用水精准补贴机制。补贴标准根据定额内用水成本与运行维护成本之间的差额确定,确保总体上不增加农户定额内用水负担,保障农民合理用水权益。要统筹考虑供水成本、水资源稀缺程度、用户承受能力、补贴机制建立等因素,制定农业水价改革方案,把握好水价调整幅度和节奏,将农业水价一步或分步提高到运行维护成本水平,有条件地区提高到完全成本水平。精准补贴原则上三年内给予补贴,三年之后,项目区农业水价须达到运行维护成本水平。

补贴对象主要为农民用水合作组织、承担工程运营管理的新型农业经营主体、中型灌区管理单位等管水主体。各管水主体应设立精准补贴专账,实行专账管理。

精准补贴资金主要用于灌溉工程维修养护补贴和灌溉用水计量设施补贴,也可部分用于农业水价综合改革培训、管理、宣传等。精准补贴资金不得用于楼堂馆所建设、发放行政事业单位人员的各类津补贴以及与农业水价综合改革无关的工作经费等支出。

市级水利、财政部门对上年度精准补贴资金实施情况进行绩效考核,并将考核结果作为下年度补贴各管水主体资金的重要依据。

第三节　多渠道筹集节水奖励和精准补贴资金

要根据农业水价综合改革工作的实际需要,多渠道筹集精准补贴和节水奖励资金。

可在中央财政水利发展资金、中央农业水价综合改革资金、中央和省级财政安排的公益性水利工程维修养护经费、农田水利工程设施维修养护经费、水资源费、有关农业奖补资金等经费中整合资金,统筹用于农业水价综合改革精准补贴和节水奖励。

结合财力状况、统筹整合的精准补贴和节水奖励资金情况、农业水价综合改革推进情况制定精准补贴和节水奖励实施细则,明确补贴和奖励标准,细化实施程序,有序推进农业水价综合改革各项工作。

第七章　农业水价综合改革计量设备及设施

第一节　用水量计量仪器——流量计

一、概述

测量流体流量的仪表统称为流量计或流量表。水是一种流体，要用流量计来计量农户的用水量。

流量计可测量水的流速、瞬时流量、累积流量，有的流量计还可测量水温。

累积流量的单位是吨(t)，瞬时流量(简称流量)的单位是吨/小时(t/h)，流速的单位是米/秒(m/s)。

流量计的种类可从以下两方面进行分类。

(一)从工作原理上分类

(1)力学原理：属于此类原理的仪表有利用伯努利定理的差压式、转子式；利用动量定理的冲量式、可动管式；利用牛顿第二定律的直接质量式；利用流体动量原理的靶式；利用角动量定理的涡轮式；利用流体振荡原理的旋涡式、涡衔式；利用总静压力差的皮托管式以及容积式和堰、槽式等。

(2)电学原理：用于此类原理的仪表有电磁式、差动电容式、电感式、应变电阻式等。

(3)声学原理：利用声学原理进行流量测量的有超声波式、声学式(冲击波式)等。

(4)热学原理：利用热学原理测量流量的有热量式、直接量热式、间接量热式等。

(5)光学原理：激光式、光电式等是属于此类原理的仪表。

(二)从应用场景上分类

(1)管道式流量计：测量管道中的水流流量的流量计。

(2)明渠流量计：测量明渠中的水流流量的流量计。

二、管道输水的用水计量——管道式流量计

(一)流量计分类

管道式流量计从连接方式上又可分为:螺纹连接、法兰连接、外夹式连接、插入式连接。

(1)螺纹连接:将计量设备的测量传感器通过螺纹连接在管道上的一种安装方式,见图7-1(a)。

(2)法兰连接:将计量设备的测量传感器夹持在管道两个法兰盘间的一种安装方式,见图7-1(b)。

(3)外夹式连接:将计量设备的测量传感器贴在测量管道外壁的一种安装方式,见图7-1(c)。

(4)插入式连接:将计量设备的测量传感器通过钻孔等技术插入测量管道内部的一种安装方式,见图7-1(d)。

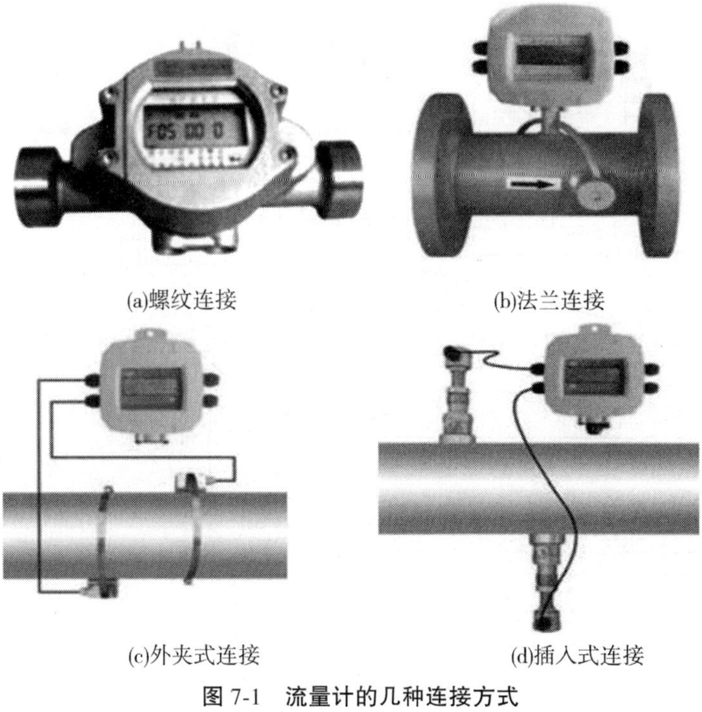

图7-1　流量计的几种连接方式

(二)流量计的安装

流量计安装应满足以下规定:

(1)流量计安装应注意表壳上箭头方向与水流方向相同,表面朝向便于读表的方位。

(2)在制造厂家规定的产品寿命期内,流量计的安装和环境条件不超出额定工作条件范围。

(3)机械式管道输水流量计安装前应冲洗主管道,清除杂物,清扫并干燥周围场地,安装后,水应缓慢进入主管道,并打开放气口,勿使残存空气促使转子或叶轮超速运转导致损坏。

(4)机械式管道输水流量计前端应安装过滤器,后端应安装逆止阀。

(5)新型流量计选用夹持式安装方式,如选用电磁流量计水平安装时需特别注意:应使电极轴线平行于地平线,不要垂直于地平线,传感器的测量管、外壳、引线的屏蔽线,以及传感器两端的管道都必须接地。

(6)有机井房时,流量计安装在机井房内,若井房面积大小不满足设备安装要求,可采用图 7-2~图 7-4 所示的安装方式,没有机井房时,安装在设备柜内。

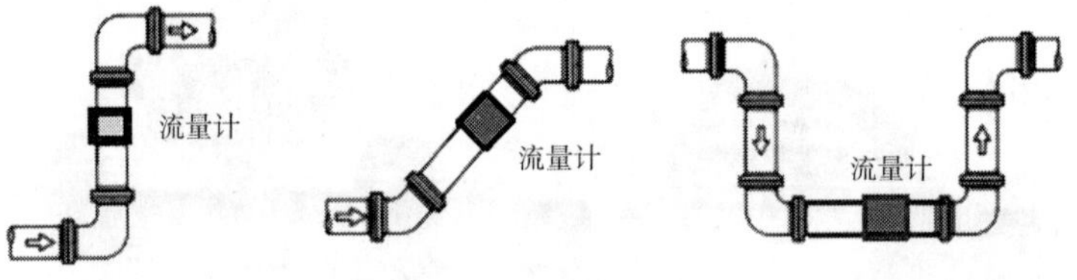

图 7-2　井房内安装(流量计竖管安装)

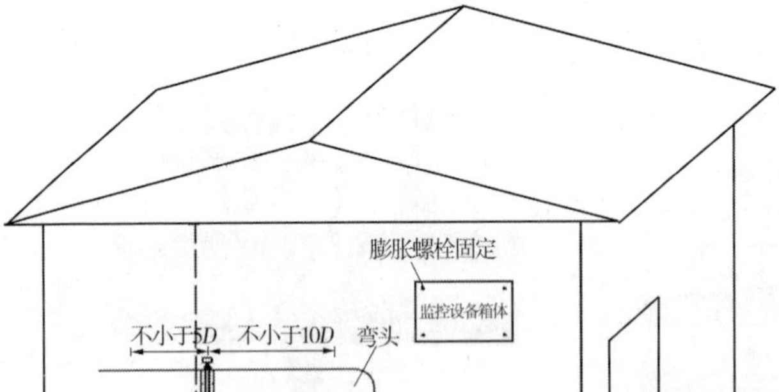

说明：1.箱体中心与地面之间的距离为1.5~1.7 m;
2.采用膨胀螺栓进行固定;
3.保证箱体的整体平衡;
4.计量设备前直管段不得小于管径的10倍长度，后直管段不小于管径的5倍长。

图 7-3　井房内安装示意图

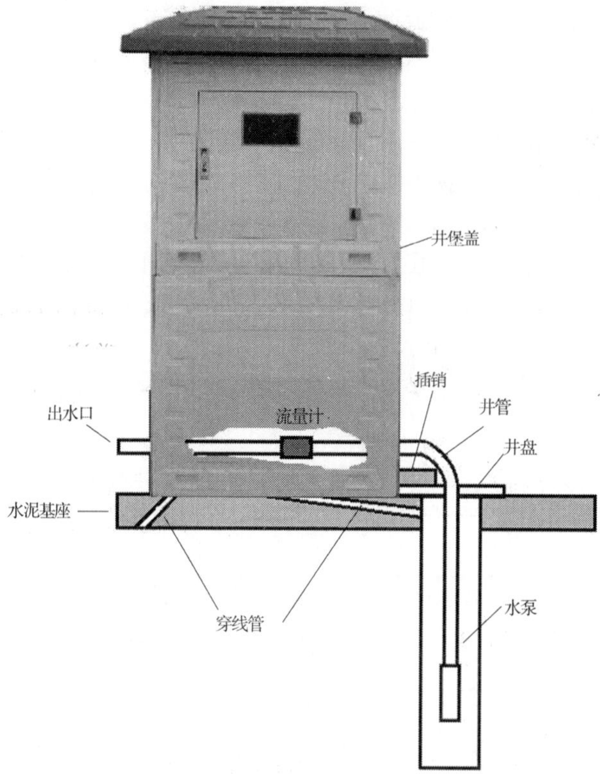

图 7-4　井房安装位置及流量计安装位置示意图

流量计安装选点应满足以下规定：

(1)流量计上下游要安装必要的直管段，要求上游直管段的长度不小于 10*D*，下游直管段的长度不小于 5*D*(*D* 为流量计口径)。

(2)安装位置选择在横管、竖管或倾斜的直管段。横管安装时，选择满管水流的管段或出水口高于安装位置，竖管或倾斜的直管段安装时，选择水流向上的位置(流量计安装位置选择可参考图 7-2)。

(3)流量计安装位置应避免暴晒、水淹、冰冻和污染；流量计四周应至少留有 300 mm 的空间。

(4)流量计安装如承受由管道和管件造成的过度应力和强振动时，应将流量计安装在底座或托架上。

三、明渠渠道输水的用水计量——明渠流量计

明渠流量计又可分为：堰槽式超声波流量计、雷达流量计、多普勒流量计。

(一)堰槽式超声波流量计

明渠内的流量越大,液位越高;流量越小,液位越低。对于一般的渠道,液位与流量没有确定的对应关系。因为同样的水深,流量的大小还与渠道的横截面面积、坡度、粗糙度有关。

在渠道内安装量水堰槽,由于堰的缺口或槽的缩口比渠道的横截面面积小,因此渠道上游水位与流量的对应关系主要取决于堰槽的几何尺寸。同样的量水堰槽放在不同的渠道上,相同的液位对应相同的流量。量水堰槽把流量转成了液位。通过测量量水堰槽内水流的液位,再根据相应量水堰槽的水位—流量关系,反求出流量。

量水堰按堰板形状可分为三角堰、矩形堰和巴歇尔槽等,如图 7-5 所示。

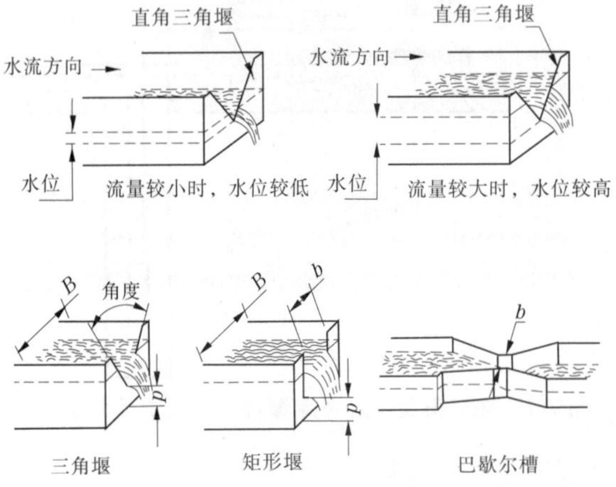

图 7-5　量水堰形式

巴歇尔槽(Parshall flume)又称巴氏槽:是明渠流量测量的常用堰槽。原型是文丘里水槽。

常用量水堰槽实物图如图 7-6~图 7-8 所示。

图 7-6　薄壁三角量水堰

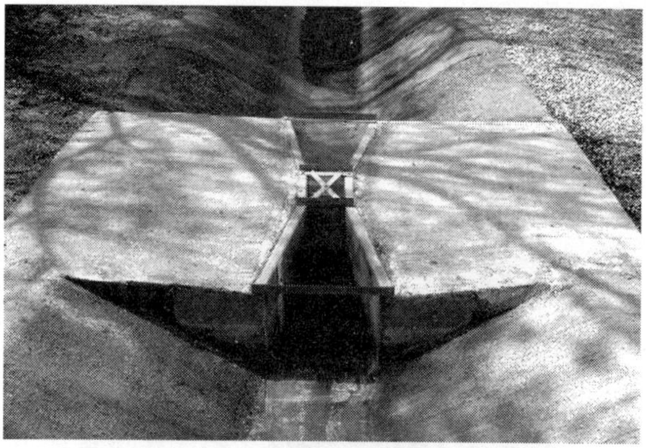

图 7-7　巴歇尔量水堰

图 7-8　矩形无喉道量水堰

(二)雷达流量计

雷达流量计是一款非接触且可连续测量流速、水位、流量的一体式流量监测设备(见图 7-9)。它采用雷达平面微波技术,通过非接触方式测量水体的流速和水位。根据内置的软件算法,计算并输出瞬时断面流量及累计流量,同时可以输出流速、水位。

1. 流速测量原理

雷达流速计采用多普勒雷达测速原理。在对水面进行测速时,雷达流速传感器向水面发射微波,遇到水面后微波将被吸收、反射。反射波的一部分被流速仪探头接收,然后转换成电信号,由测量电路处理并测出多普勒频移,再根据上述原理通过 FFT 等信号处理算法即可计算出水体的流速。

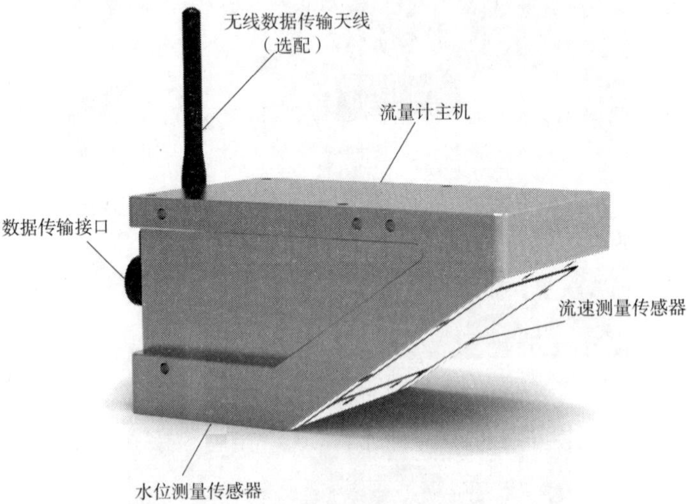

图 7-9　雷达流量计结构示意图

2. 水位测量原理

雷达水位探头采用脉冲相参雷达（PCR）技术，微带平面天线发射极窄的微波脉冲，遇到被测物质表面，其部分能量被反射回来，被同一天线接收。发射脉冲与接收脉冲的时间间隔与天线到被测介质表面的距离成正比。由于电磁波的传播速度极高，发射脉冲与接收脉冲的时间间隔很小，相比较传统的雷达脉冲水位计，该 60 G 雷达水位计采用特殊的调制解调技术，通过脉冲相参的方法，可以精确识别发射脉冲与接收脉冲的时间间隔和相位差，大大提高了测量精度；同时，采用消波算法，保证测量精度的同时，也具备良好的结果稳定性。

3. 流量测量原理

通过雷达流速探头可以获取并换算平均流速，通过雷达水位探头可以获取并换算水深，断面流量等于平均流速×水流截面面积×岸边系数。在灌区明渠中，常见的灌区明渠断面类型有矩形、梯形或者 U 形；常用的坡地为干、支渠纵坡；两种常用的糙率为混凝土渠壁和浆砌石渠壁。对于这些常见的明渠，其底坡、糙率均是确定的，在断面的流速分布中，流速具有很强的对称性，而且灌区断面上、下游顺直段较长，且断面左右对称，流速分布具有对称性好的特点。根据断面形式、底（纵）坡和糙率对流速场分布进行修正；使用的湍流数学模型主要是 RNG（重整化群）$\kappa—\varepsilon$ 模型，计算精度高，数值稳定性好，计算数据量适中。

4. 现场安装

1) 仪器安装方法与方向

安装方向示意如图 7-10 所示，三个卡箍将支架及仪器固定在横杆上（横杆直径范围：40～85 mm），安装时保持仪器上表面和河面水平，安装方向建议：水流相对流速测量方向迎面而来。

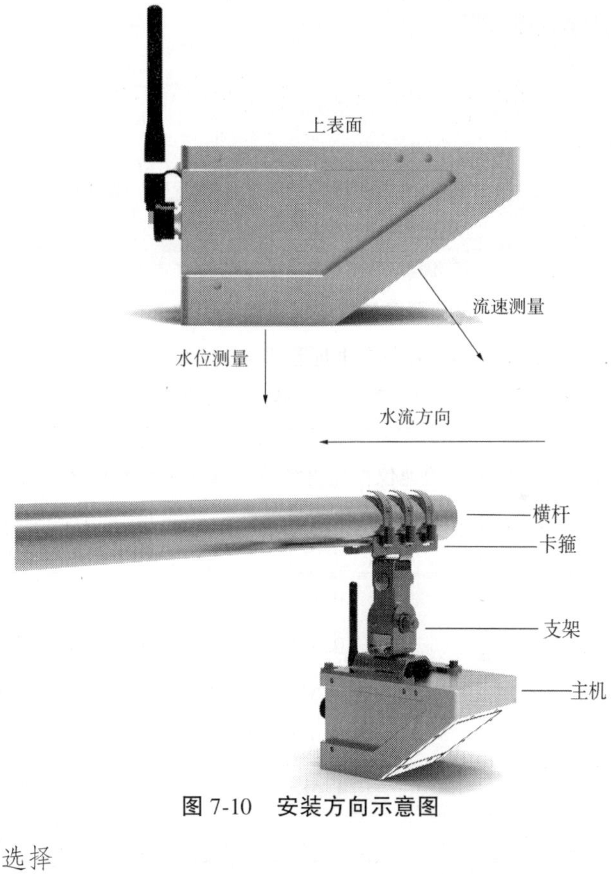

图 7-10　安装方向示意图

2) 测点选择

选择安装地点的时候要保证雷达波覆盖到水面，避免漂浮物、漩涡和水生植物的影响，还应避免低水期河床淤积、主槽摆动等导致雷达波覆盖到地面而测量出错。雷达水位计发射角度 8°，覆盖范围近似圆形；雷达流速仪发射角度 12°，覆盖范围近似椭圆，如图 7-11 所示。

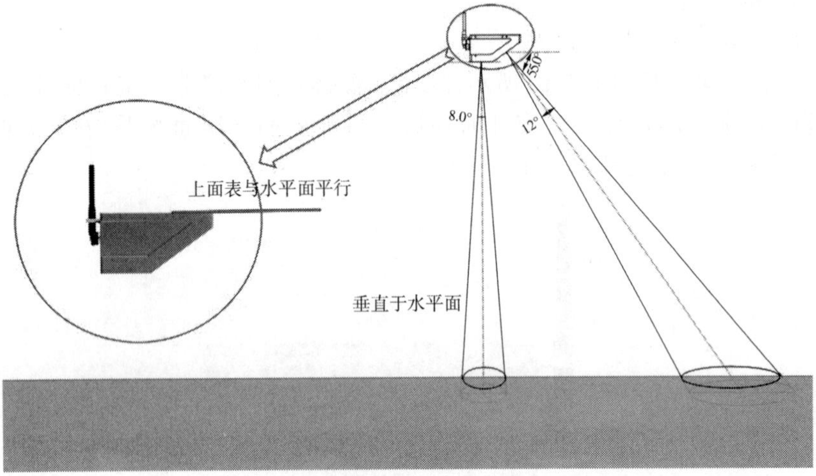

图 7-11　安装高度与雷达波覆盖范围的关系示意图

圆形的直径和距离关系如表 7-1 所示。

表 7-1　圆形的直径和距离关系

安装高度(m)	流速仪覆盖直径范围(m)	水位计覆盖直径范围(m)
0. 2	0. 073	0. 028
0. 5	0. 168	0. 07
1	0. 325	0. 14
2	0. 640	0. 28
3	0. 955	0. 42
5	1. 585	0. 70
7	2. 215	0. 98

渠道测点的选取应该遵循以下主要的原则：

(1)渠道顺直、渠基固定、断面规则稳定，便于设备安装。

(2)水流平顺均匀，不受漩涡、闸门启闭和渠系建筑物壅水影响。

(3)测量断面与水流方向垂直。

(4)断面附近不应有影响水流的建筑物、树木或者杂草等，在建筑物下游时不受泄流的影响。

(5)不宜设在淤积严重,水草或杂物较多处。

对于雷达流量计这种非接触式的测量设备,安装点位避免如下位置:

(1)避免河流或者渠道水流方向变化的地方,尽量保证流水方向和雷达流量计安装方向平行,如图 7-12 所示。

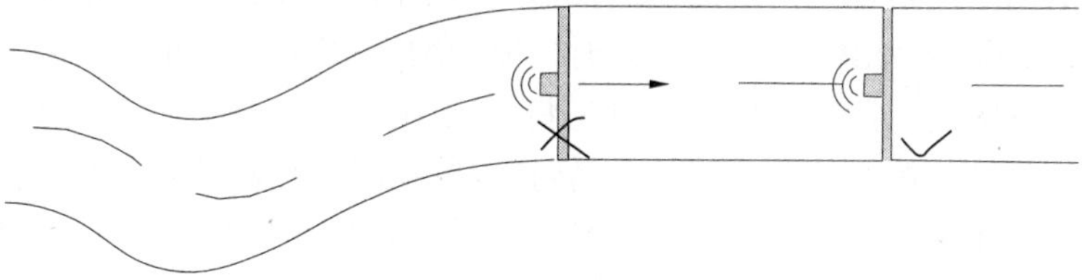

图 7-12　安装点位避免位置(1)

(2)避免雷达流量计流速探头方向正对大落差水流,如图 7-13 所示。

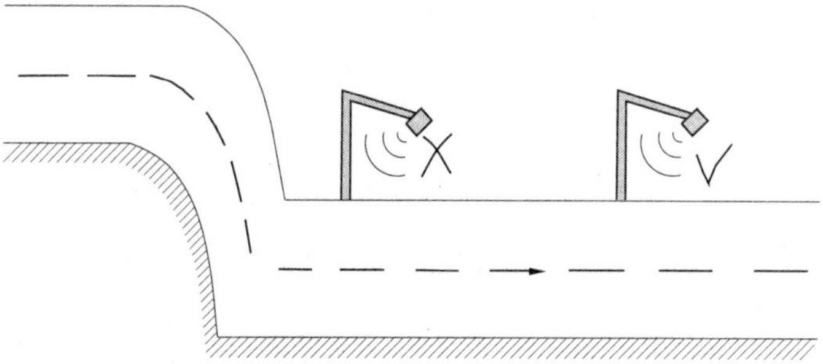

图 7-13　安装点位避免位置(2)

(3)避免安装在闸口上方、有暗流的蓄水池上方、这种场景的典型特征是水位降低,但是水面下的暗流不能引起表面的稳定流速,因而不适合作为安装点。

(4)避免安装点位于涵洞出口,山口风道等容易起风的位置,风对低流速测量有一定影响。

3)注意事项

(1)仪器安装时,上表面与渠面保持水平。

(2)仪器请勿安装在转弯处。

(3)仪器请勿安装在高低落差处。

(4)仪器请勿安装在有旋涡的水面之上。

(三)虹吸式明渠流量测量方法

对明渠流量监测是比较难的事情,现在大多使用巴歇尔量水堰方式,但巴歇尔槽量水堰方式是通过巴歇尔槽的水位来计算流量的,水位越高流量越大,但这种方式必须保持上下游水位有落差才行,否则就会出现测量错误,然而现在农田的明渠通常都是平直的,没有落差,当下游出现堵塞时,水不流动,但水位上升,按照量水堰的计算方式,此时的流量增大,显示是严重错误的。

明渠虹吸引水测控一体化装置是将明渠中的某一段转换成管道,然后再用管道流量计来测量流量,但是明渠转换成管道时,会因为明渠的水的多少造成管道内水不能全管有水,这样就会造成测量误差,因此如何保持管道始终都是满管水是保证测量的正确性的关键。虹吸引水测控一体化测量装置是解决这一问题的有效方式,其原理如图 7-14 所示。

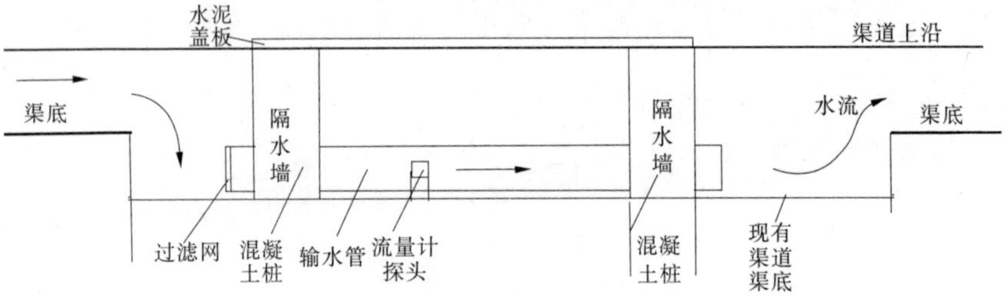

图 7-14 明渠虹吸引水一体化流量监测示意图

在明渠渠道的某一段的渠底下挖开一个深度等于渠底宽度的一个方坑,长度为渠宽的 15 倍。然后在坑内放置一根铁管(或 PVC 管),两端各空一段,便于水流进出管子,这样渠中只要有水(不管多少),管子中始终保持满管水,保证流量计测量的准确性。

四、流量计的性能要求

(一)北京市用水计量设备选用标准

(1)水质清洁,在水源首部的机井房内有安装计量设备的直管段,且安装有过滤器和逆止阀,管网水体不会冰冻且不易产生水锤对计量设备造成破坏的环境宜选用机械式管道输水计量设备。

(2)水质清洁或水中含有少量杂质,水源首部有安装计量设备的直管段宜选用新型计量设备。

(3)清水或污水,水源首部不具有安装计量设备的直管段宜选用水电转换计量方法。

(4)计量设备特性应满足以下标准:①准确度等级 2.0 级及以上(最大允许误差在±2%内);②计量设备使用的环境温度:-25~55 ℃,水体不能冰冻;③计量设备外壳防护等级应达到 IP68;④计量设备承受压力不小于灌溉管网设计压力的 1.2 倍;⑤按输水管道的直径选择计量设备的口径,如无相同口径,宜选最接近且口径较小的计量设备;⑥计量设备应选用电池供电或外部直流供电,选用电池供电时,电池使用寿命≥6 年;选用直流供电时,供电电压不高于 12 V,如安装现场不具备铺设线缆条件或易遭受人为破坏的情况宜选用电池供电;⑦计量设备与控制设备间应选用无线或有线通信方式输出,选用无线方式输出时通信距离≤30 m,选用有线方式输出时采用 RS-485 通信方式输出,如安装现场不具备铺设线缆条件或易遭受人为破坏宜选用无线方式输出。

(二)河南省用水计量设备选用性能要求标准

(1)水质清洁或水中含有少量杂质,水源首部有安装计量设备的直管段宜选用新型(超声波、电磁)计量设备。

(2)清水或污水,水源首部不具有安装计量设备的直管段宜选用水电转换计量方法。

(3)计量设备技术参数要求应满足以下标准:①非明渠流量计量设备准确度等级 2.0 级及以上(最大允许误差在±2%内);②计量设备使用的环境温度:-25~55 ℃,水体不能冰冻(需在冬季使用的设施需要保温棉防护);③计量设备外壳防护等级应达到 IP68;④计量设备应选用电池供电或外部直流供电,选用电池供电时,电池使用寿命≥10 年;选用直流供电时,供电电压不高于 12 V;⑤通信协议:流量计采用标准 Modobus 通信方式[电度表符合《交流电测量设备 特殊要求 第 21 部分:静止式有功电能表(1 级和 2 级)》(GB/T 17215.321—2008)]。

第二节　用电量计量仪器——电度表

应根据不同的现场环境选用成熟的、具有远传功能的电能表,在电能表安装前须经省级或县(市、区)水价综合改革部门指定的计量检测机构进行检定。

电度表应用非常广泛,人们认知度也高,在此不多赘述,只将基本要求叙述一下。

(1)电能表设备选用性能要求应满足以下标准:

①计量功能:具有正向、反向有功电能量计量功能。对有功、三相电压、三相电流、功率因数和频率等用电参数实时测量。

②具有数据储存功能。

③具有温度补偿功能。

④通信功能:通信规约符合《多功能电能表通信协议》(DL/T 645—2007)及其备案文件。

(2)计量设备技术参数要求应满足以下标准:

①准确度等级:有功 1 级,无功 2 级(最大允许误差在±2%内)。

②工作温度和湿度:正常工作温度:-25~60 ℃,极限工作温度:-40~70 ℃,相对湿度:25%RH~95%RH。

第三节　水电双计量及其收费

鉴于历史上农民在田地里用机井浇地,交的只是电费,并且现在大多数农村的农民所用机井都安装有电表,根据用电量的多少来收取电费,由电工代收后交供电公司。但是根据水价改革的要求,必须是根据用水量收取水费,然而由于水价改革工作起步晚,流量计安装数量很少,无法开展大规模的水价改革工作,因此国家采取了以电折水的工作,即暂且用现有已经安装的电表来计量用水量,即以电折水,根据用电量算出用水量。因此,对于测量系统来讲,除测量用水量外,还要能测量电量,所以有了"水电双计量"的提法。在安装了流量计的地方,以用水量计量收费,没有安装流量计的地方,按电表监测用电量,再折算成用水量收取水费。

一、浇地收费的三个时代

(一)人工抄表时代(第一代)

在我们的记忆中,农民浇地要分几个步骤:第一步,要找电工,告诉他你要浇地;第二步,电工到井房,开井房门,合上电闸,开启水泵,开始浇地;第三步,浇完地后关电闸;第四步,找电工,抄电表,锁井房门;第五步,缴费。

其中,找电工是最麻烦的事情,电工一般都是兼职的,经常找不到,为了浇地要找电工预约几次才行,麻烦得很。

管水员的工作量也很大,每次浇地,都要到现场反复查看电表或水表,十分辛苦,如图 7-15、图 7-16 所示。

图 7-15　人工抄表(电表)收费

图 7-16　人工抄表(水表)收费

(二)刷卡缴费时代(第二代)

自 20 世纪 90 年代,IC 卡问世后,用 IC 卡浇地方便了很多,农民人手一个 IC 卡,当 IC 卡充值后,手持 IC 卡到机井井房处,在读卡机上一刷就可以开泵浇地了,浇地完成后,再一刷卡,水泵就自动停止,并完成自动扣费,见图 7-17。

(三)扫码缴费时代(第三代)

刷卡浇地比人工抄表缴费浇地方便了很多,但是刷卡浇地还有许多不便之处,首先是 IC 卡使用时要预先充值,通常是找电工到指定的地点去为 IC 卡充值;其次是浇地时要携带 IC 卡到机井旁的读卡器上刷。这样就带来两个新问题:其一,农民要随身携带 IC 卡,不然的话,想浇地了还要回家去取 IC 卡,

图 7-17　农民刷卡浇地

跑许多冤枉路,而随身携带 IC 卡又会造成 IC 卡丢失或损坏;其二,IC 卡的盗刷问题,造成管理上的漏洞。

随着科技的发展,扫码付费已经普及,IC 卡已经成为历史,过去风行一时的购物卡、银行卡、乘车卡、门禁卡都相继退出历史舞台。因此,扫码浇地已成为必然。

一井一码,这个二维码即可贴在井房上,也可贴在家里,还可存在手机里,不管你走在哪里,只要你扫一扫,识别一下二维码,就可对该二维码对应的机井井泵进行操作,开启或者关闭,见图 7-18。

图 7-18　扫码浇地

二、机井、闸门上网

采用物联网技术将所有井灌区的机井和渠灌区上的闸门全部上网,如图 7-19 所示,实现对所有取水点、用水点监控,将用水量、用电量等信息传到网上,取代人工抄表,支持手机扫码缴费。

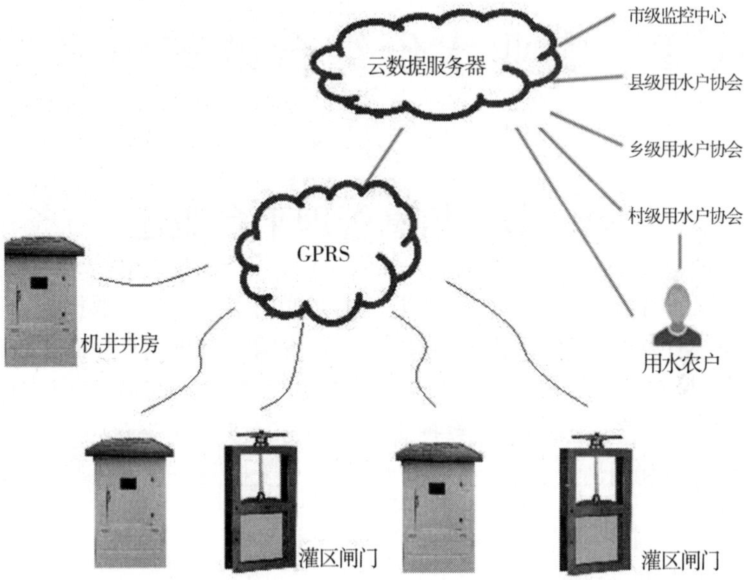

图 7-19　机井、闸门上网示意图

第四节　计量设备管护措施

计量设备、控制设备资产产权属于政府，使用权及管护权移交村用水户协会（村委会），村级用水户协会负责设备的维护、维修。

设备拆除和移动应经过区（县）用水户协会批准后方可执行，任何人没有经过批准不能私自拆除设备。

非专业人员不得开箱检修设备。

设备每次检修、拆除或更换要做好详细记录。

管护单位应每月巡检相关设备，按如下内容进行：①控制设备应检查其工作状态、线路连接、数据传输、操作流程。②村级管护单位发现问题应做好详细记录，并及时与乡镇用水户协会管理单位相关负责人联系。③冬天要做好相应设备的防冻防盗措施，设备如需拆除存放，应用红漆标清设备编号，做好记录，分类保存。

第八章　农业水价综合改革技术支撑

第一节　信息管理平台概述

农业水价综合改革信息化管理平台将互联网、物联网、大数据技术有机地结合起来,使用在灌区信息化上,致力于缓解我国农业长期存在的水资源浪费等问题,提高人们的节水意识。平台提供设备管理、水权交易、扫码支付、阶梯水价以及环境气象、土壤墒情、数据管理等服务。实时掌握区域用水总量、统计分析水资源利用情况、辅助制定节水办法,总量控制、水权分配,提高水资源的利用效率。

一、物联网

物联网是新一代信息技术的重要组成部分,也是"信息化"时代的重要发展阶段。顾名思义,物联网就是物体和物体相连的互联网。这有两层意思:其一,物联网的核心和基础仍然是互联网,是在互联网基础上的延伸和扩展的网络;其二,其用户端延伸和扩展到了任何物品与物品之间,进行信息交换和通信,也就是物物相联。利用局部网络或互联网等通信技术把传感器、控制器、机器、人员和物等通过新的方式联在一起,形成人与物、物与物相联,实现信息化、远程管理控制和智能化的网络。

怎样实现物物相联,通过智能感知把物体的信息通过有线或无线方式与互联网相联,形成物与物、人与物之间相互连通,进行信息交换,并实现自动控制、相互控制、自我约束。物联网是互联网的延伸,它包括互联网及互联网上所有的资源,兼容互联网所有的应用,但物联网中所有的元素(所有的设备、资源及通信等)都是个性化和私有化。

(一)物联网的特征

总的来说,与互联网相比,物联网有其鲜明的特征:

第一,它是各种感知技术的广泛应用。物联网上部署了海量的多种类型传感器,每个传感器都是一个信息源,不同类别的传感器所捕获的信息内容和信息格式不同。传感器获得的数据具有实时性,按一定的频率周期性地采集环境信息,不断更新数据。

第二,它是一种建立在互联网上的泛在网络。物联网技术的重要基础和核心仍旧是互联网,通过各种有线和无线网络与互联网融合,将物体的信息实时准确地传递出去。在物联网上的传感器定时采集的信息需要通过网络传输,由于其数量极其庞大,形成了海量信息,在传输过程中,为了保障数据的正确性和及时性,必须适应各种异构网络和协议。

第三,物联网不仅仅提供了传感器的连接,其本身也具有智能处理的能力,能够对物体实施智能控制。物联网将传感器和智能处理相结合,利用云计算、模式识别等各种智能技术,扩充其应用领域。从传感器获得的海量信息中分析、加工和处理出有意义的数据,以适应不同用户的不同需求,发现新的应用领域和应用模式。

(二)物联网的构架

从技术架构上来看,物联网可分为三层:感知层、网络层和应用层。

感知层由各种传感器以及传感器网关构成,技术架构如图 8-1 所示,包括二氧化碳浓度传感器、温度传感器、湿度传感器、二维码标签、RFID 标签和读写器、摄像头、GPS 等感知终端。感知层的作用相当于人的眼耳鼻喉和皮肤等神经末梢,它是物联网识别物体、采集信息的来源,其主要功能是识别物体、采集信息。

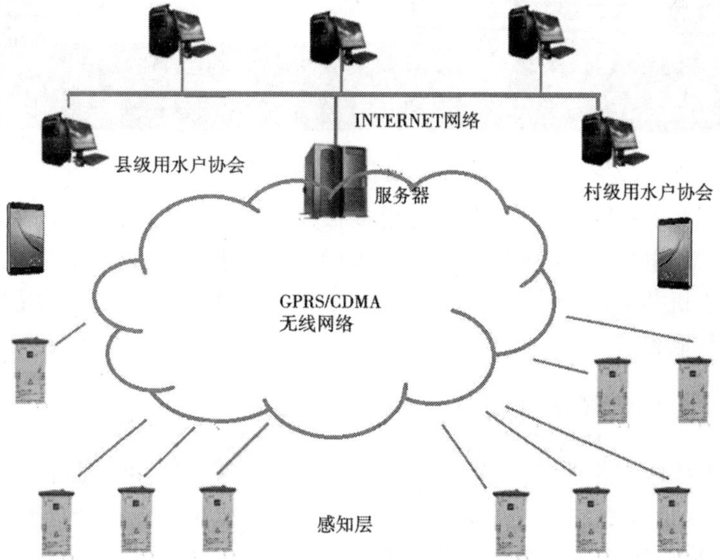

图 8-1　物联网感知层技术架构

网络层由各种私有网络、互联网、有线和无线通信网、网络管理系统和云计算平台等组成，相当于人的神经中枢和大脑，负责传递和处理感知层获取的信息。

应用层是物联网和用户（包括人、组织和其他系统）的接口，它与行业需求结合，实现物联网的智能应用、自动控制。

二、机井上网

机井也是一个物体，将整个机井作为一个物体，使其上网，可叫作“井联网”，在网上、手机里都可以看到某一机井的所有信息，并可以对该井进行控制，如图 8-2 所示。

图 8-2　机井信息展示界面

除图 8-2 所显示的外，机井的很多信息，都可以送到网上，例如，机井水位、水质、用电量、用水量、开泵关泵时间等，还可进行远程控制、手机控制等，这取决于机井上安装的终端设备。图 8-3 是一个典型的组成图，使用时，根据需要自行取舍。

三、机井灌溉水价改革系统

机井灌溉水价改革系统现在通常采用水电双计量，即计量用电量、用水量，作为水价改革，主要是收取水费，并且按照用水量的多少来进行阶梯水价和用水补贴，按道理只测算用水量即可，但是由于农民长期以来浇地都是习惯于交电费，因此作为过渡期，我们现在既计量用电量又计量用水量。水电双计

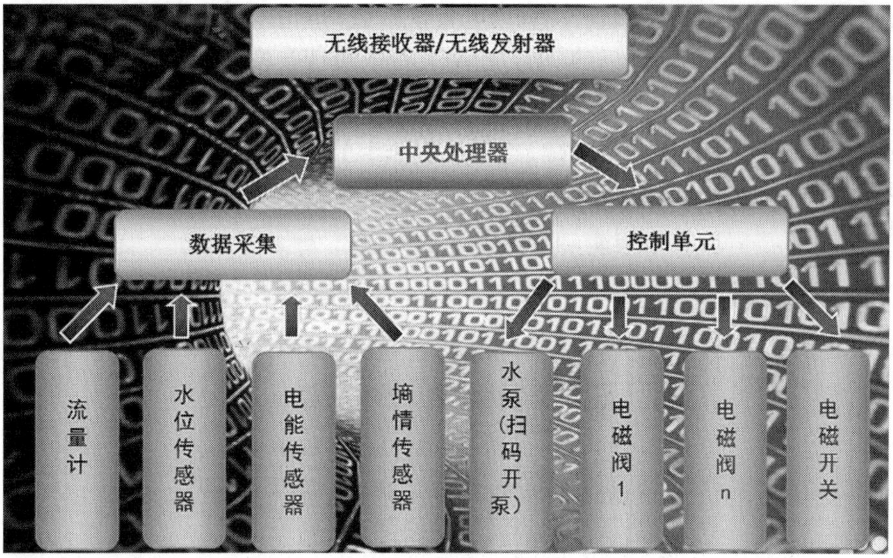

图 8-3　系统组成

量时,井灌区机井控制终端的配置如图 8-4 所示。

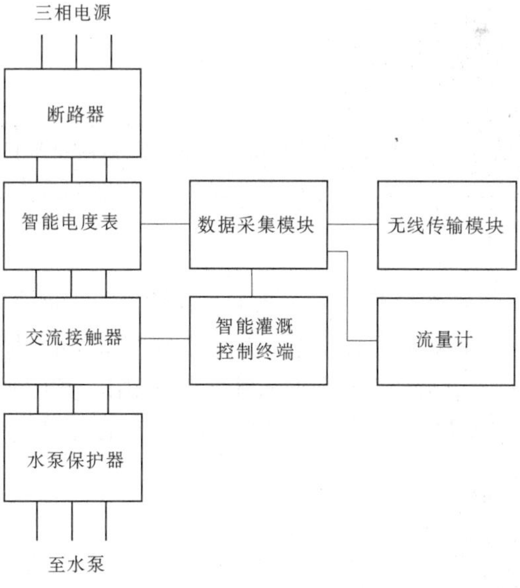

图 8-4　井灌区机井控制终端的配置(水电双计量)

以电折水:没有用水计量设施的井灌区,在安装用水计量设施前,作为过渡方式,通过以电折水调查,测算以电折水系数(单位电量对应的灌溉水量)。结合水价运行维护成本(扣减动力费用),在电费计收模式的基础上,按照“电价+运维费”的方式,以千瓦时作为计量单位核定农业水价,以电折水时,井灌区机井控制终端的配置如图8-5所示。与水电双计量相比只是少了一个流量计而已。

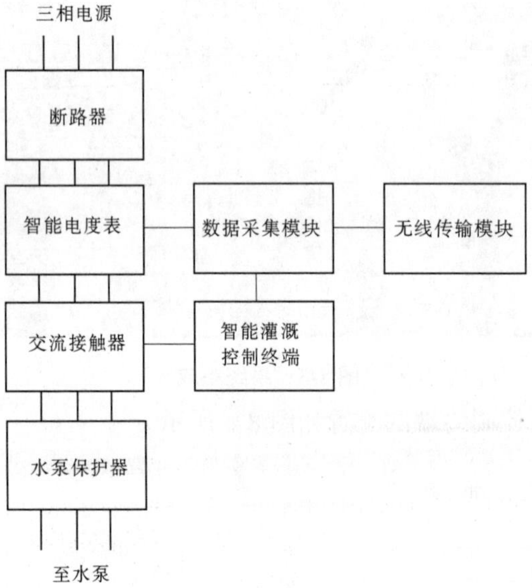

图8-5　井灌区机井控制终端的配置(以电折水)

四、灌区水价改革系统

灌区水价改革与井灌区相比就是灌区的水源一般都是从水库里来的,水库的水位一般都要高,灌溉时不需要大的电力驱动,通常叫作自流灌溉,所以也不需要测算电量,也不需要三相电控制,一般采用两相电控制电磁阀即可。

计量时,只读取流量计的读数,计算出当次用水量以及水费,如图8-6所示。

五、水价改革软件平台

农业水价综合改革信息化管理平台,实现远程控制和智能控制的功能(见图8-7),通过现代网络技术确保连续运行,实现信息共享,提高管理水平和工作效率,节省大量的人力和物力,还可避免“人情水”,堵塞管理漏洞。

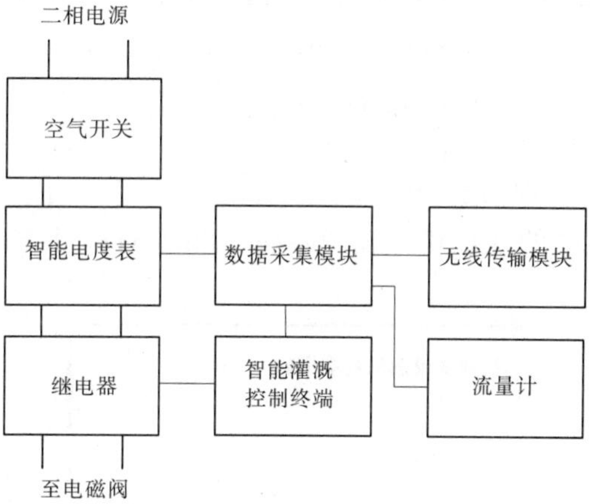

注:此处的智能电度表不作为水价改革用,在这里不能以电折水,只是作为交电费的依据。

图 8-6　渠灌区控制终端的配置

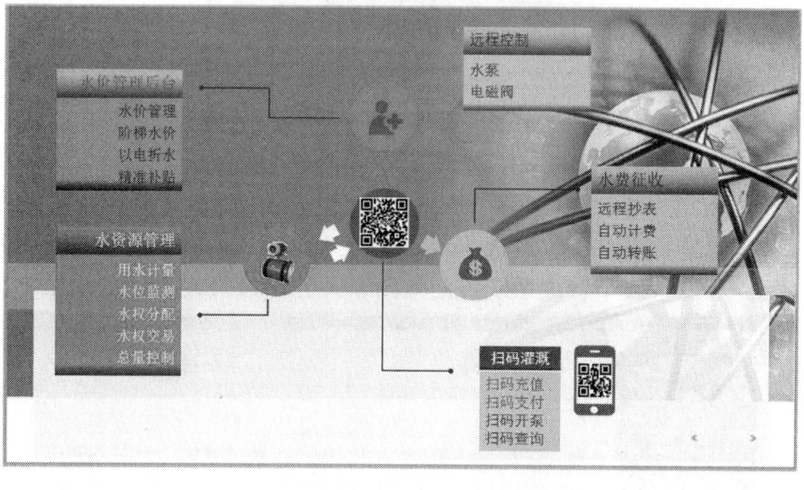

图 8-7　水价改革平台功能示意图

五级管理平台:省、市、县、乡、村五级管理,各自总览各自的辖区,实现上级对下级情况的实时了解和管控,采用区块链技术使各类信息公开透明。

七大功能模块:机井管理模块、协会管理模块、用户管理模块、费用管理模块、水权交易模块、水资源监控模块、数据采集与分析模块。

一部手机:一部手机就可完成扫码开泵(闸)关泵(闸)、充值、计费、缴费、查询、控制等工作,不需要求助任何人。

水电双计量:用电量和用水量全部计量,以用水量计量为主。

井渠两融合：既适合于井灌区的水价改革又适合于渠灌区的水价改革，把两种不同性质的灌区的水价改革融合在一起。

六、如何进入水价改革管理系统

进入水价改革管理系统步骤如下：

（1）在浏览器中的地址栏中输入：sjgg. sthjgc. com/damin/，出现如图 8-8 所示的页面。

图 8-8　登录信息共享平台界面

（2）输入用户名和密码。

例如：封丘县的用户名为：xxsfqx，初始密码：123456789（进入系统可以自定义密码）。水价改革管理系统界面见图 8-9，界面目录大图见图 8-10。

图 8-9　水价改革管理系统界面

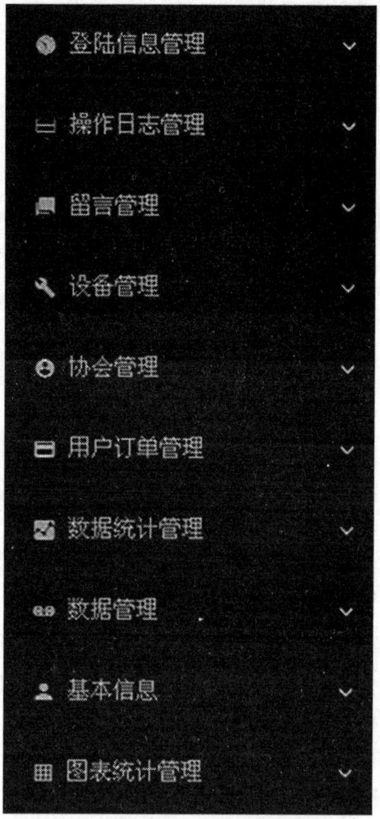

图 8-10　目录

第二节　设备管理及其配置

所谓设备，就是机井上所涉及的所有设备，包括计量设备、控制设备、信息传输设备，以及机井配套的所有设备，但这里所说的设备主要指的是核心部件 CPU，每一个 CPU 都有一个自己的名字，有 9 位数字组成的一组编号，也叫作“设备编号”，它代表了一个机井上配置的所有设备。

一、查询设备当前状态

在目录里找到“设备管理”并单击，弹出如图 8-11 所示的页面。

进入该页面首先可以查看设备的信息，如图 8-12 所示。

设备编号是设备自身所固有的，是由出厂时决定的，是不能改动的。设备

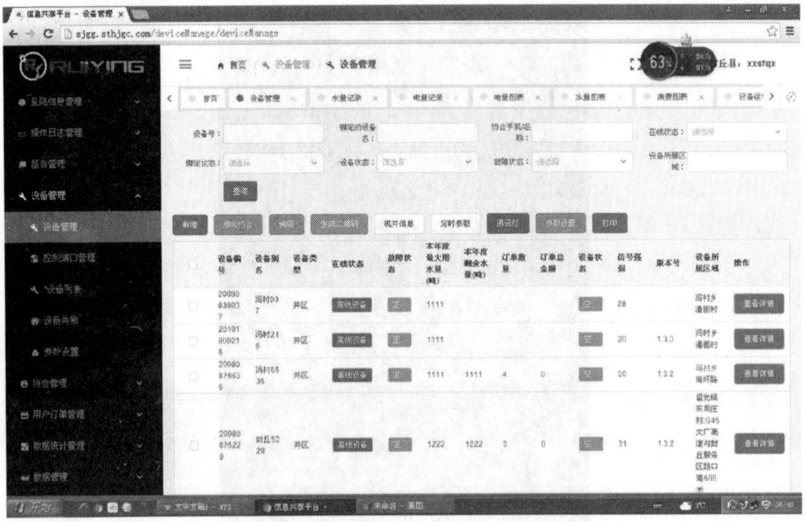

图 8-11　“设备管理”界面

设备编号
设备别名
设备类型
在线状态
故障状态
本年度最大用水量(吨)
本年度剩余水量(吨)
订单数量
订单总金额
设备状态
信号强弱
版本号
设备所属区域

图 8-12　设备信息展示界面图

别名是可以自定义的。

设备类型指的是该设备是以读电表计费，还是读水表计费，在编辑中可以定义。

在线状态指的是设备是否可以通信，在线状态时以绿色显示，不在线状态时以红色显示，一般情况下都应在线，但当停电时就不能通信，所以通常可以根据在线、不在线来判断机井有电或者没电。

故障状态,顾名思义就是提示有没有故障,有故障就要马上维修。

本年度最大用水量指的是该井每年最多能抽取的水量。

本年度剩余水量(吨)就是该井每年最多能抽取的水量减去已用水量。

订单数量就是在该井上抽了多少次水,每用一次就是一个订单。

订单总额就是用水总共花了多少钱。

设备状态指的是设备是在工作(水泵或者阀门是开的状态,还是关闭的状态)还是没有工作。

信号强弱是系统自动上传上来的数据,表示当地 4G 或者 5G 信号的强弱,当设备出现故障时可以根据这个信号来判断是设备内部的问题还是外部的问题。

二、设备的配置

在设备状态表的上方有一组按钮,如图 8-13 所示。

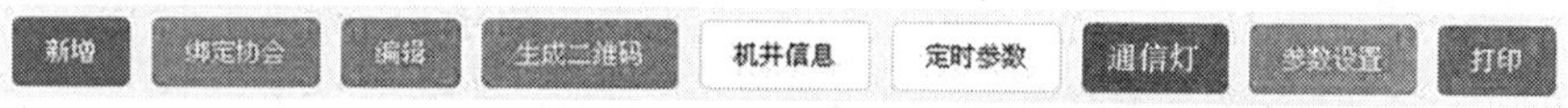

图 8-13　设备按钮分布图

(1)新增。就是新增加设备,这个按钮一般不用,因为设备一加电就自动上线,一上线就会自动添加。在此不再赘述。

(2)绑定协会。就是把该设备与协会绑定,绑定后,就归该协会管理,扫码浇地所用的水费也自动转到该协会账户中。这个功能只有县级协会才有,分会没有这个权利。具体的绑定方法:首先在水表管理里面选定某一设备,然后单击水泵管理页面上的绑定协会按钮,弹出一个对话框,如图 8-14 所示。

图 8-14　协会列表

选定某一协会，然后单击 确定 按钮，即可。

(3)编辑。主要内容有：设备地址全名称、设备的别名、年最大规定的用水量、绑定设备模板收费模板的选取、设备数据类型、设备类型、是读电表缴费还是读水表数据缴费的选择等。操作方法是：选一个设备，然后单击 编辑 按钮，就会弹出一个窗口，如图 8-15 所示。

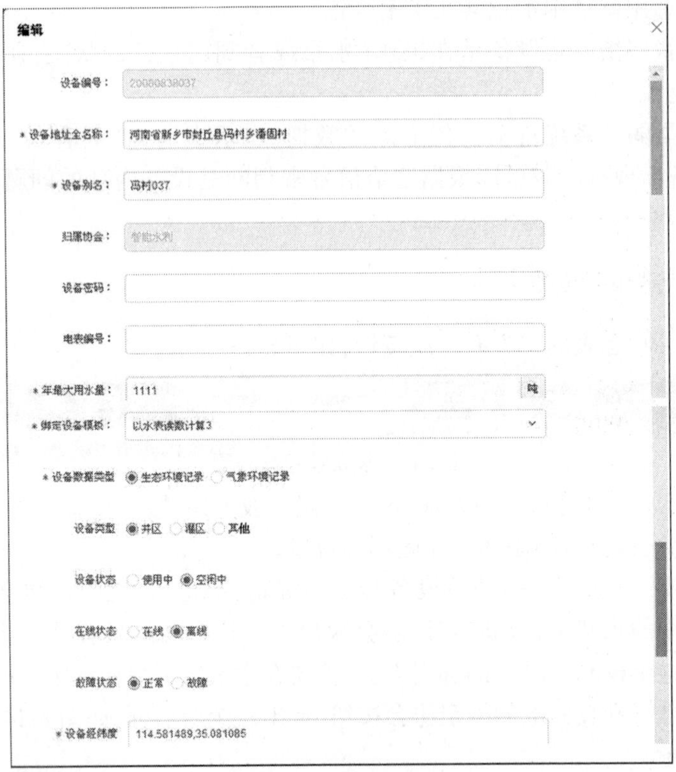

图 8-15　设备编辑界面

其中：设备编号，是自动添加的，一般不用手动。

设备地址全称，也是自动添加的，但可以修改。

设备别名，是为了便于记忆，使用者可以根据自己的想法自己定义，可以是地名、人名或其他有特征名字。

归属协会，在这里不管它，绑定协会后自动生成。

年最大用水量，是指由村级用水户协会，根据该眼机井所覆盖的土地面积和种植作物的品种来确定，一般原则是够用但不宽裕。一旦超过年最大用水量，机井将限制使用。

绑定设备模板，模板是在系统内建立的，在这里只管去选择使用即可。

设备数据类型，因为系统内部用几个数据表格，如生态环境数据、气象环境数据、水质数据等，根据设备下安装的传感器类型来决定。

井灌区和渠灌区的选择决定是读取电表计费还是读取流量计计费的，如果选择井区则是读取电表读数来计算费用，如果选择灌区则是读取流量计读数来计算费用。在这里务必明确。

设备经纬度，文字框内的数字是系统根据设备所处的位置自动添加的，也可以修改。

(4)生成二维码。为了方便用户，在这里设置一个自动生成二维码的功能，当用户需要一个设备的二维码时，在设备管理目录下找到该设备，选中后，单击 生成二维码 按钮，就自动生成一个二维码，可以将其存为图片，也可以将其打印出来，或者发送到手机上。

(5)机井信息。在 设备管理 中，选中一个设备，单击 机井信息 这个按钮，弹出一个窗口，如图 8-16 所示。

图 8-16　机井信息编辑界面

在文字框里填上该机井的相关信息，单击 确定 按钮即可。这是地图上看到该机井的有关信息，如图 8-17、图 8-18 所示。

(6)定时参数。是用来设定某一个设备读取数据的频度的一个功能，可以设定在 1 d 内读取数据的次数和读取数据的时间间隔，例如：一天读取数据 10 次，每次时间间隔 1 h，如图 8-19 所示。

图 8-17　机井信息查询界面(1)

图 8-18　机井信息查询界面(2)

图 8-19　定时参数设定界面

(7)通信灯。是在维护设备时使用的，在这里不再赘述。

(8)参数设置。主要是对于输出 4~20 mA 电流的信号的配置，因为对于不同的传感器的信号都是 4~20 mA 电流的信号，然而对于同一个电流信号，不同的传感器所代表的数据不同,如量程 5 m 的液位传感器,它的最大电流是 20 mA,最小电流是 4 mA;而量程 10 m 的液位传感器,它的最大电流是 20 mA,最小电流是 4 mA,但是它代表的具体的液位是不同的,例如:当测到的电流都是 20 mA,对于 5 m 的液位传感器的数据是 5 m,而对于 10 m 的液位传感器的数据是 10 m,因此在这里设计了一个参数设备按钮。

假如测量的数据为 x(mA),那么它代表的数据应该是 $y=k(x-b)$,对于输出 4~20 mA 电流的量程 5 m 的液位传感器:设 $b=4$,$k=5/16$;对于输出 4~20 mA 电流的量程 10 m 的液位传感器:设 $b=4$,$k=10/16$。

(9)基本设置(编辑)。设备管理指的是对每一眼井上所安装的设备,主要是指水价改革测控终端,管理的内容主要有:设备的别名、年最大规定的用水量(该机井每年可以抽取水的最大值,这个值是根据这眼井所管辖的耕地面积、种植作物的品种等要素,由所在村的用水户协会规定)、收费模板的选取、是读电表数据缴费还是读水表数据缴费的选择,这也是由村级用水户协会决定的。

第三节　协会管理

协会,即用水户协会,是建立在县级的,乡镇级的、村级的用水户协会是县级协会的分会,每一个设备必须绑定一个协会,其目的就是农户在取水浇地时产生的费用要自动转到协会管理员的账户上,否则没有办法转款。同时设备都归各自的协会管理,协会管理员可以对所管辖的设备进行各种管理,上述的设备管理权都在用水户协会。

每一个协会都有一个专用账户,登录后即可进入系统,进行各种操作。

协会管理指的是县级协会管理,在后台一些重要的管理权限限制在县级协会,设备绑定也只是绑定在县级协会。

协会的管理平台由超级管理员进行配置,县级协会需要提供相关的数据信息,如:协会姓名、手机号码、身份证号码、用户地址、开户行、账号名称、开户人姓名、银行卡号、银行地址、手续费比例、手机端展示标题。

其中,主要的是:①协会名称;②手机号码:这里的手机号码应该是协会负责人或财务负责人的手机号码,并且这个手机号码应是微信或支付宝所绑定的,因为后期转账是转到微信上的;③手续费比例:这个比例由协会确定,因为涉及所收的水费一部分到县级协会的账户上、一部分到村级代理人(电工或其他村级管理人员)的账户上;④手机端展示标题:这个标题由协会自己来定,可以是××县用水协会欢迎您、××县水价改革平台等。

其他的可以在基本信息标题下查看和编辑(如图 8-20 所示)。

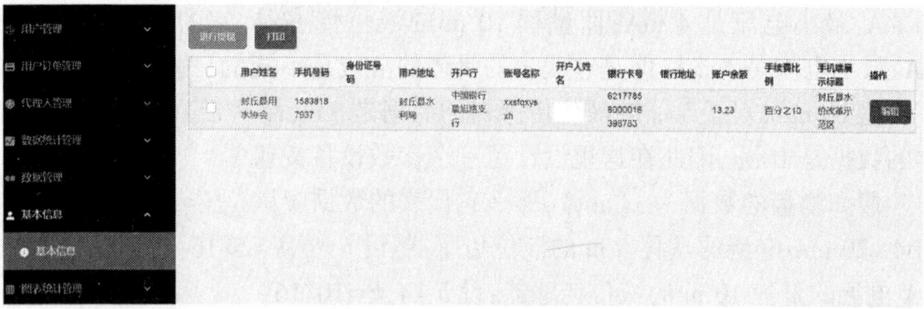

图 8-20　基本信息查看

单击编辑可以对其余的内容进行编辑,如图 8-21 所示。

图 8-21　基本信息编辑

图 8-20 左上角有一个 进行提现 按钮,单击它立即弹出一个提现窗口,即从账户中提取现金,根据协会账户中的余额,再提现对话框中输入数字即可申请提现,当后台审核通过后,就立即转到协会的微信账户中。

如果感兴趣,协会还可以申请设定首页标题,如图 8-22 所示。

图 8-22　首页标题示例

第四节　代理人管理

这里所说的代理人，指的是村级管理人，例如电工、维修工、会计或村级协会负责人，一个村可以有几个代理人，设备（计量设备）绑定到哪个代理人，该设备扫码取水时的费用会自动转到所对应的代理人的微信账户里。每个代理人都有一个专用账户，进入该账户可以查看与该代理人相关的信息，并可申请提现。

例如：

进入某一代理人管理平台，在目录一栏单击 基本信息，就会出现在图 8-23 所示的界面。在图 8-23 所示的界面，账户余额里有 11.27 元，单击图 8-23 中的 进行提现 按钮，即可进行提现。单击 进行提现 按钮后，弹出一个窗口，在对话框里输入 11，确定后就向后台发出指示，后台看到提现申请，进行审核通过后，钱立即转到代理人的微信账户，代理人微信账户会立即收到 11 元钱。

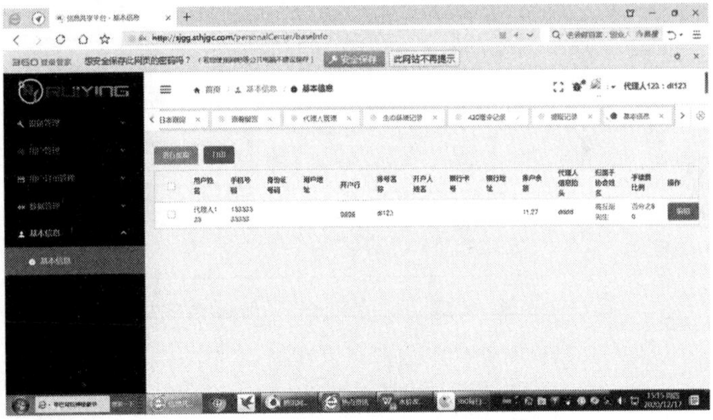

图 8-23　代理人管理界面(1)

代理人一般由协会管理，进入协会管理平台，在目录下有一个 代理人管理，单击进去，页面上有新增和添加代理人代理设备按钮，如图 8-24 所示。

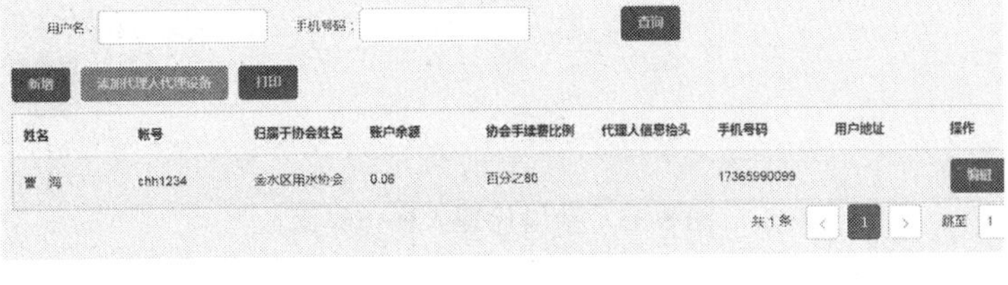

图 8-24　代理人管理界面(2)

单击 新增 ,弹出一个窗口(界面如图 8-25 所示),其中账号、用户名、手机号、手续费比例是必填项,涉及以后用户缴费的分配问题,由协会来定,手机号是代理人的手机号,并且是与代理人的微信绑定的手机号。

图 8-25　新增代理人操作界面

新增了代理人后，代理人就可根据用户名和密码，进入代理人管理页面。

添加代理人代理设备是为代理人添加代理的设备，只有为代理人添加了设备，代理人才享有该设备的管理权以及所缴费用的分配权。

单击 添加代理人代理设备 ，弹出一个窗口，如图 8-26 所示。

选择所需要添加的设备，单击【确定】即可。

图 8-26　添加代理人代理设备界面

第五节　用户管理

在目录一栏单击 用户管理 ，在用户管理下有两个子目录：一是用户信息；二是用户管理。如图 8-27 所示。

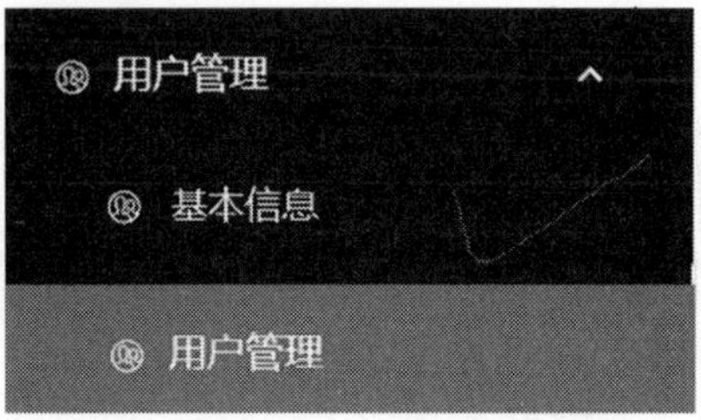

图 8-27　进入用户管理界面

用户管理和基本信息的页面基本相同，只是基本信息页面没有充值按钮，而用户管理页面有充值按钮，可以继续线下充值，如图 8-28 所示。

管理页面和基本信息页面内的编辑内容也不同，基本信息页面内的编辑内容、用户管理页面内的编辑内容如图 8-29 所示。

用户管理页面不管是用户信息还是用户管理，展示的内容如图 8-30 所示。

基本信息可以对用户开放，用户管理的权限在县级协会。

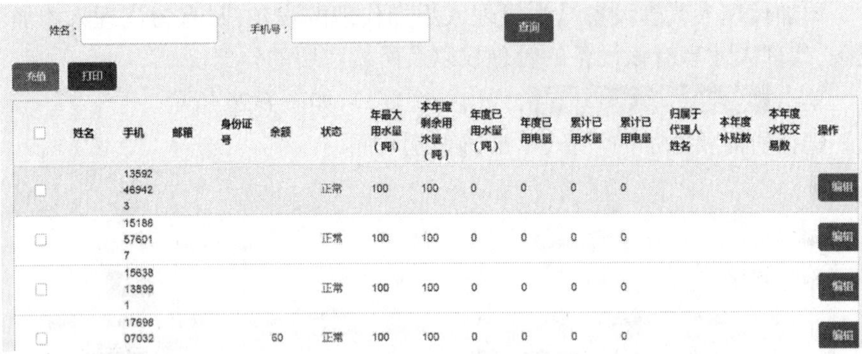

	姓名	手机	邮箱	身份证号	余额	状态	年最大用水量（吨）	本年度剩余用水量（吨）	年度已用水量（吨）	年度已用电量	累计已用水量	累计已用电量	归属于代理人姓名	本年度补贴数	本年度水权交易数	操作
		135924694 23				正常	100	100	0	0	0	0				编辑
		151865760 17				正常	100	100	0	0	0	0				编辑
		156381389 91				正常	100	100	0	0	0	0				编辑
		1769807032			60	正常	100	100	0	0	0	0				编辑

图 8-28　用户管理界面

图 8-29　基本信息编辑内容

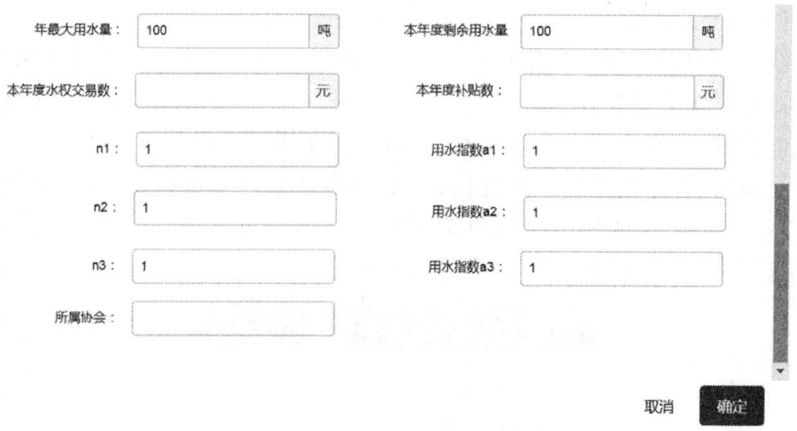

续图 8-29

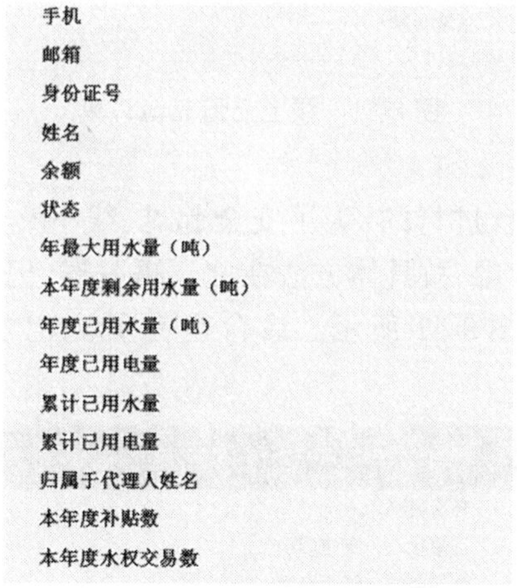

图 8-30　用户管理页面展示内容

第六节　费用管理及阶梯水价

费用管理涉及充值、缴费、转账等，这是一个重要的环节，一旦出错就会很麻烦，下面按照先后次序依次谈一谈。

一、充值

充值分线上充值和线下充值。

(一)线上充值

线上充值就是通过手机进行充值,具体方法是:扫码进入手机控制界面,右上角有一个充值按钮,单击充值按钮,弹出一个充值页面,有几个充值金额不同的选项,可以选择要充的钱数,即可按提示进行充值。

充值后,在手机上有一个充值订单,单击充值订单按钮,就可看到刚才充值的订单,如图 8-31 所示(JSAPI 表示线上充值),也可查看过去的充值情况,这都有历史记录,方便查看,用户可以明明白白地进行充值和消费。

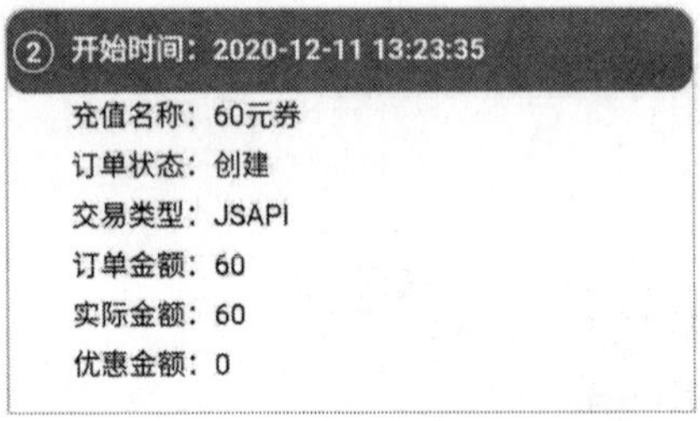

图 8-31 线上充值充值订单

(二)线下充值

线下充值是在后台进行的,为了安全起见,线下充值由授权的操作员进行,一般人没有这个权限,故具体方法在此不再赘述,但充值后可在用户手机上看到充值情况,如图 8-32 所示。后台也有历史记录,以备日后查询,如图 8-33 所示。

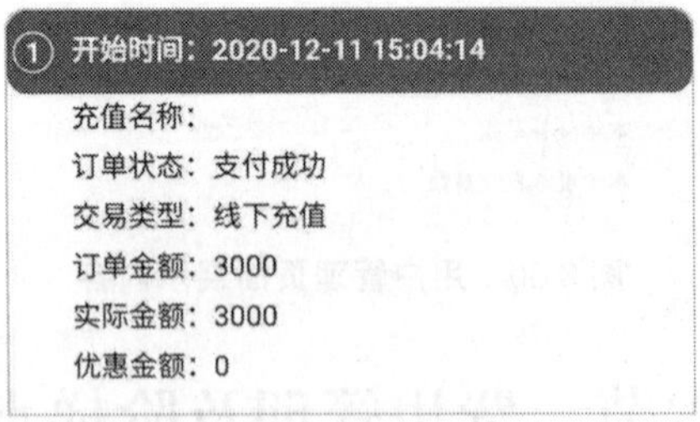

图 8-32 线下充值充值订单

二、收费计算方法

结算公式有两种方式:以用水量结算;以用电量结算。

(一)以用水量(读流量计累积流量)结算

以用水量(读流量计累积流量)结算公式为

$$Y(元)=(aK_{水}+b)\Delta x_{水}$$

充值名称	订单状态	交易类型	开始时间	结束时间	订单金额	订单实际支付金额	订单优惠金额	订单消息	用户手机号
60元券	支付成功	JSAPI	2020-12-14 14:56:21	2020-12-14 14:56:30	60	60	0		17698070321
	支付成功	线下充值	2020-12-11 15:19:29	2020-12-11 15:19:29	1000	1000	0	lwcs：操作充值	13763496201
	支付成功	线下充值	2020-12-11 15:04:14	2020-12-11 15:04:15	3000	3000	0	lwcs：操作充值	15638187937
60元券	支付成功	JSAPI	2020-12-11 14:54:34	2020-12-11 14:54:41	60	60	0		13763496201
60元券	创建	JSAPI	2020-12-11 14:01:45		60	60	0		17365990099
60元券	创建	JSAPI	2020-12-11 13:23:35		60	60	0		15838187937

图 8-33　充值历史记录

式中：$\Delta x_{水}$ 为开机、关机时两次读的累积流量数之差，t；$K_{水}$ 为每吨水的水费，元；a 为阶梯水价指数，默认为 1，每个用户都需要设定；b 为水资源税，默认为 0，每一台设备都需要设定。

（二）以用电量（读电表的度数）结算

以用电量（读电表的度数）结算公式为

$$Y(元)=(aK_{水}+b)\Delta x_{电}\ c\cdot h$$

式中：$\Delta x_{电}$ 为开机关机时两次读的电表用电数之差，kW · h；a 为阶梯水价指数，默认为 1；b 为水资源税，默认为 0；c 为电折水系数，默认值为 0；h 为电表互感系数，默认值为 1。

注：对于以电折水，当读电表时，用电量（kW · h）折合为用水量（t）：

$$\Delta x_{水}(\mathrm{t})=\Delta x_{电}\ c\cdot h$$

$$\Delta x_{电}(\mathrm{kW\cdot h})=(D_{电}-D_0)$$

式中：$D_{电}$ 为关泵时的电表实时读数；D_0 为开泵时的电表初始读数。

对于每一个设备需要设定的数：

（1）$K_{水}$。每吨水的水费（元）。

（2）$K_{电}$。每度电的电费（元），当设定 c 等于 1 时，电费 $K_{电}$ 等于水费 $K_{水}$。

（3）b。水资源税（元/t），默认为 0。

（4）c。电折水系数，默认为 1。

（5）h。电表互感系数，默认为 0。

这些参数的设定是在设备管理下的编辑中进行的，如图 8-34 所示。

（6）a。①当某一用户用水量没有超过定额（年最大用水量）时，$a=1$；②当某一用户用水量超过定额（年最大用水量）时，$a=1.2$（其中数字可以设定）；③当某一用户用水量超过定额时 1.2 倍时，$a=1.5$（其中数字可以设定）；④当某一用户用水量超过定额时 2 倍时，$a=1.2$（其中数字可以设定）。

在用户管理中编辑对话框里可以进行设置，如图 8-35 所示。

图 8-34　费用配置界面

图 8-35　阶梯水价配置界面

三、计量类型的选择

一般有两种选择，即读电表和读水表。

（一）读电表计费

读电表，就是以电表读数为计费标准，用电前后的电表的读数差即为本次用电量，然后用用电量来计算费用。在用用电量来计算费用时有以下两种方式。

（1）用电量乘以每度电费：

$$Y(元) = (aK_{电} + b)\Delta x_{电} \cdot h$$

即可计算出电费。

（2）以电折水的方式来计算用水费，其计算公式如下所述：

$$Y(元) = (aK_{水} + b)\Delta x_{电}\, c \cdot h$$

式中：c 为以电折水系数，通过实际测量得到。

（二）读水表计费

读水表计费即读取水表的读数来计算用水量，然后乘以每吨水的水费来计算用水费。

$$Y(\text{元}) = (aK_{\text{水}} + b)\Delta x_{\text{水}}$$

此项工作是在水表管理里面的编辑中进行的，如图 8-36 所示。

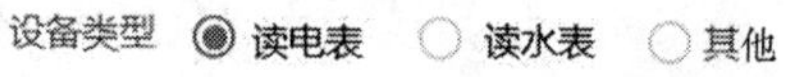

图 8-36　读电表或读水表示意图

四、绑定协会

绑定协会是将某一设备绑定到某一协会，设备绑定到哪个协会，就受哪个协会管理，在该设备上产生的费用就会自动转到该协会的账户上。具体绑定方法见前述。

五、绑定代理人

绑定代理人亦即为代理人添加代理的设备，参见第八章第四节。

六、提现

略。

七、协会注册

协会负责人需用绑定手机号的微信扫码登录设备，登录的时候选择“协会”，见图 8-37，登录之后同意水天公众号的授权，就算注册成功，提现的时候钱才会到达负责人微信账户。

图 8-37　协会管理员注册示意图

八、代理人注册

代理人方法和协会注册一样，只是注册时角色选择“代理人”即可，见图 8-38。

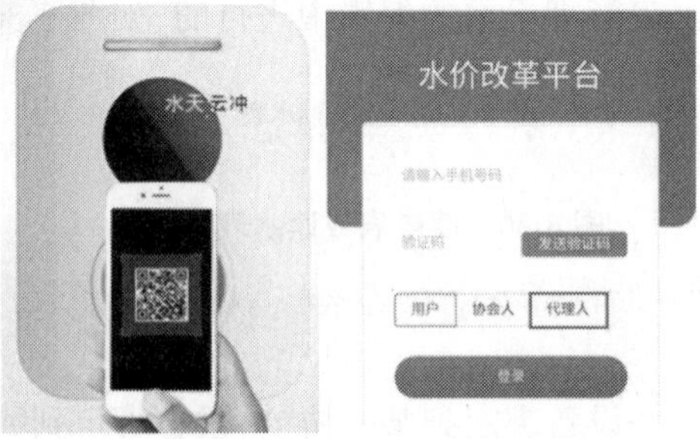

图 8-38　代理人注册示意图

经过上述操作就可以进行运用了。

第七节　数据采集与管理

一、数据采集

在水价改革系统中主要是用水量信息，其次是电量信息，然后是墒情信息、水质信息、水位信息和气象信息。水量信息包括累计流量、瞬时流量、流速；电量信息包括三相电压、电流、度数；墒情信息是土壤含水量；水质信息包括 pH、电导率、溶解氧、浊度、余氯等；水位信息是机井的动水位；气象信息包括风力、风向、降雨量、光照强度等。

这些信息都是靠各自的传感器，将物理量变成电信号，通过数字处理而产生的。这些信息还要通过 GPRS 方式传到云端服务器处理、保存、调用。

用水量是水价改革中的主要参量，通过水权分配、阶梯水价、精准补贴来激励用水户的节约用水意识，墒情信息作用是根据墒情指导农民进行灌溉，防止过度灌溉而造成水资源浪费，气象信息也是指导农民进行灌溉，根据气象信息预报而制订灌溉计划，防止盲目灌溉而造成的水资源浪费，电量信息仅作为缴纳电费的依据。信息采集与传输如图 8-39 所示。

二、数据查询

(1)电量数据查询。

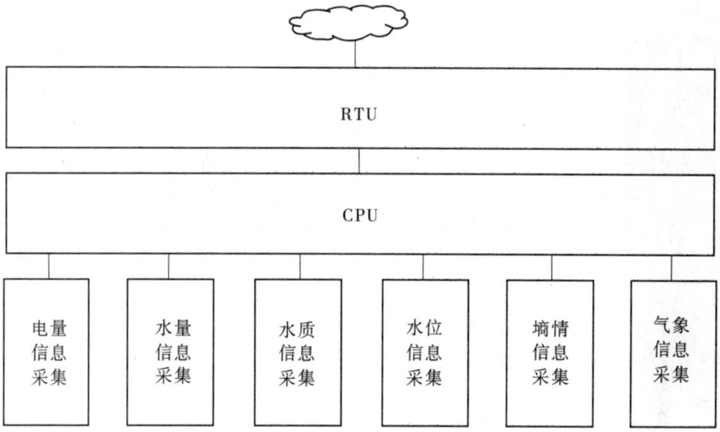

图 8-39　信息采集与传输示意图

在云端的电量数据查询页面(见图 8-40),可查询三相电压、电流、电表读数、读取时间等,并可根据日期、设备编号、设备别名、所属协会等进行搜索查询。

在表格下面有折线图按钮。

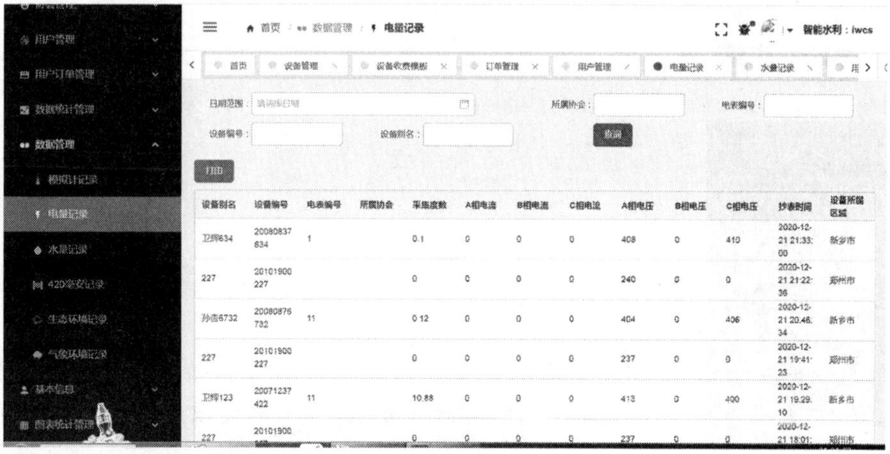

图 8-40　电量数据查询

(2)水量数据查询。

在云端的水量数据查询页面(见图 8-41),可查询累计流量、瞬时流量、瞬时流速、水位等,并可根据日期、设备编号、设备别名、所属协会等进行搜索查询。

在表格下面有折线图按钮。

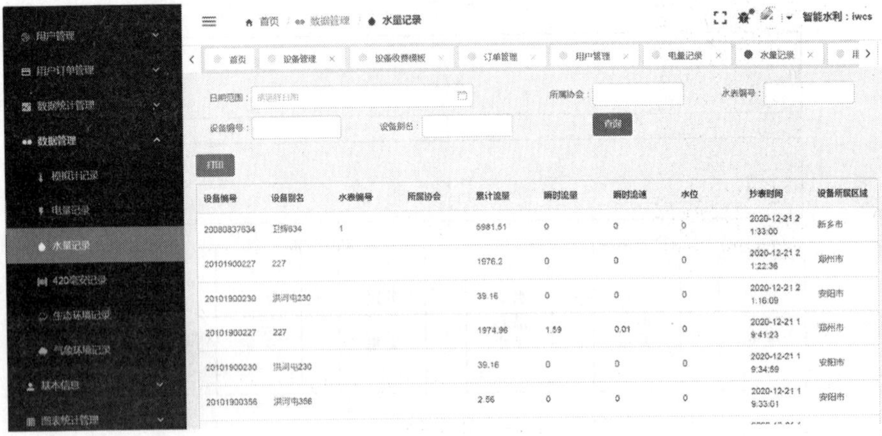

图 8-41 水量数据查询

(3)生态环境数据查询。

在云端的生态环境数据查询页面,可查询气温、湿度、土壤温度、土壤湿度、照度、气压、二氧化碳、pH 等,并可根据日期、设备编号、设备别名、所属协会等进行搜索查询。

在表格下面有折线图按钮,见图 8-42。

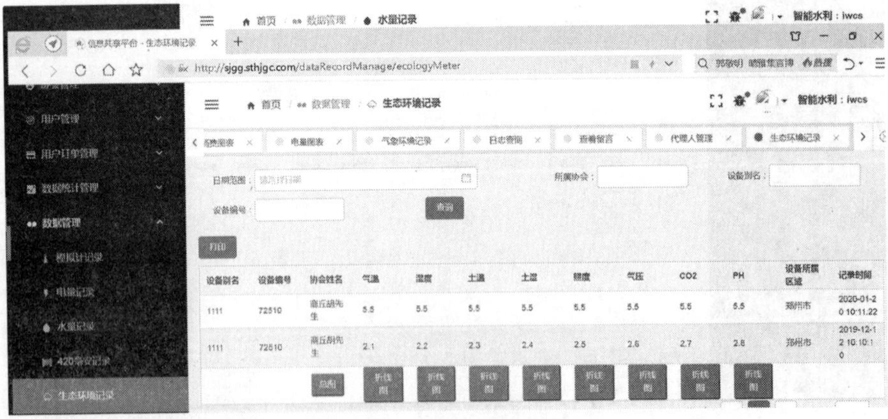

图 8-42 生态环境数据查询

(4)气象环境数据查询。

在云端的气象环境数据查询页面(见图 8-43),可查询气温、湿度、风力、风向、照度、气压、二氧化碳、雨量等,并可根据日期、设备编号、设备别名、所属协会等进行搜索查询。

在表格下面有折线图按钮。

图 8-43　**气象环境数据查询**

(5)数据统计折线图。

在每组数据下都有该组数据的折线图按钮,点击折线图按钮从而可以快速查询数据的变化规律,如图 8-44、图 8-45 所示。

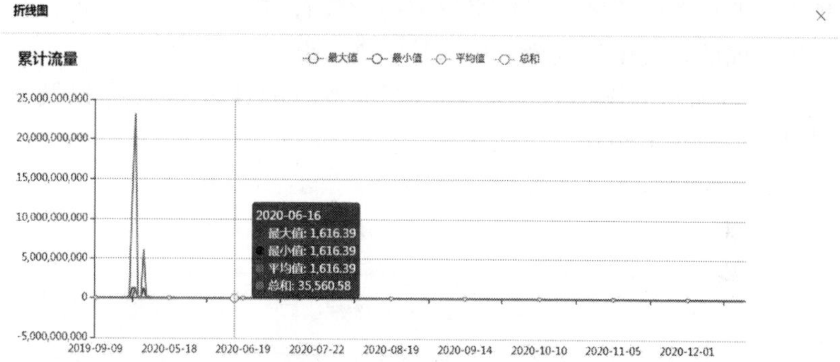

图 8-44　**流量历史曲线图**

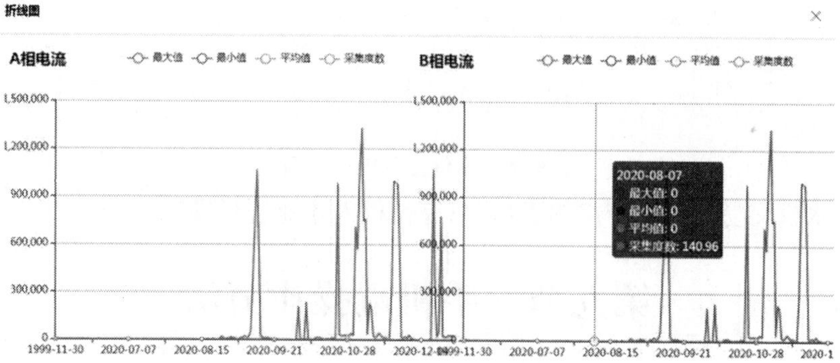

图 8-45　**电量历史曲线图**

三、数据上传频度

数据上传的频度，也就是数据上传的多少，这也是很讲究的事情，上传次数多了，会上传很多无用的数据，占据大量的系统资源；上传次数少了，会漏掉一些关键数据，因此需要根据情况进行设定。本系统有三种方式：一是设备一通电，就上传一次数据；二是水泵或阀门一开通就每半分钟上传一次数据；三是平时按照设备管理里面的“定时参数”来设定，有几分钟、几小时上传一次的，这样既可保证关键数据不丢失，又可减少大量的无用数据。

第八节　水权分配与交易

水权分配包括用户的水权分配和机井的水权分配，用户的水权分配在用户管理里面的设置中年度最大用水量中进行设置，机井（设备）的水权分配在设备管理里面的设置中年度最大用水量中进行设置。

在图 8-46 所示的操作界面中，输入买卖双方的姓名、手机号以及交易水量、交易单价、交易金额就可实现交易。

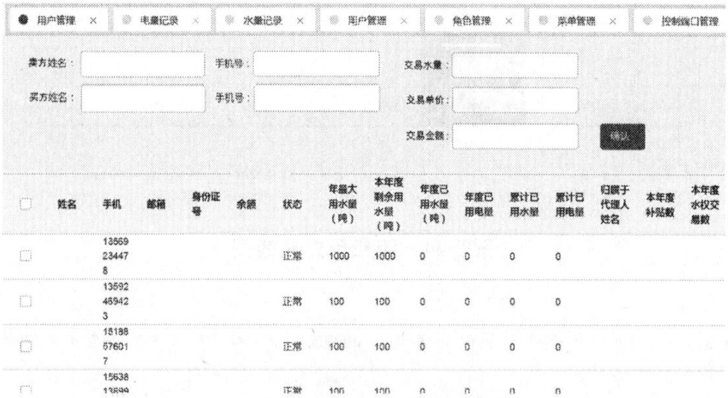

图 8-46　水价交易操作界面图

水权交易是一个严肃的事情，只有授权人才能进行操作。

第九节　手机端操作方法

初次使用首先要注册并绑定手机。

具体步骤如下：

(1)扫描二维码,手机界面弹出一个窗口,如图 8-47 所示。

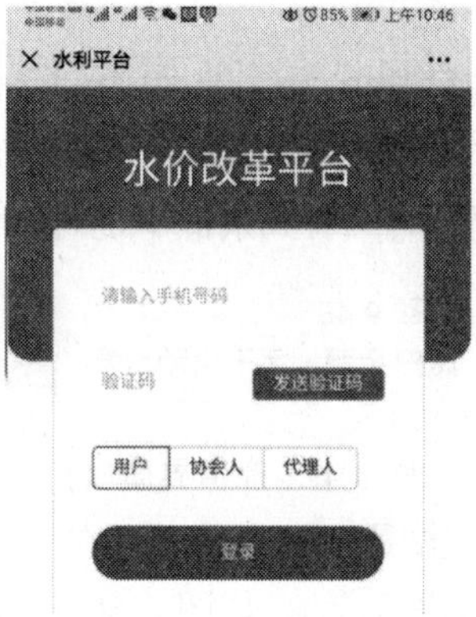

图 8-47　手机端注册页面

(2)输入你的手机号码,然后点击“发送验证码”,从所注册的手机中查看收到一组 6 位数字组成的验证码,将这组二维码输入到栏中,确定即可。

(3)进入到手机操作界面,如图 8-48 所示。4 种按钮:①充值按钮;②水泵开关按钮;③阀门开关按钮;④阀门开关工作状态选择按钮。4 个数据:①工作时间;②剩余用水量;③账户余额;④所用设备编号。4 个查询:①消费订单;②设备信息;③个人中心;④充值信息。

图 8-48　手机操作界面

一、充值

当初次使用时,需要进行充值,因为账户中的余额不足,就不能开启设备,无法工作,而当使用后,账户的余额会减少,少至一定数额后也要进行再充值,通常账户余额会在手机屏幕显示,当看到余额不足时就要充值,如图 8-49 所示。

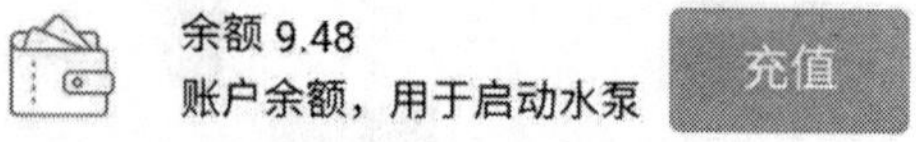

图 8-49　充值界面(1)

充值的方法很简单,单击图 8-49 的充值按钮,会弹出一个充值窗口,选择要充的数额,然后按照提示进行充值,如图 8-50 所示。

图 8-50　充值界面(2)

注:这里的充值是借助微信的支付平台实现的,充值后,微信平台会给你发送一个充值信息,如图 8-51 所示。

图 8-51　充值信息

在手机屏幕上会看到余额的变化,如图 8-52 所示。

图 8-52　充值操作页面

二、开机

开机有两层意思，当用于井灌（水泵从机井中抽水）时，控制的是水泵的开启与关闭，当用于渠灌（从水库流出的水，通常叫自流灌溉，不需要水泵）时，控制的是电磁阀的开启与关闭，但在手机界面上都是一样的操作，只是在安装机井上的终端控制设备的接线上有所区别。

操作十分简单，如图 8-53 所示，扫码进入手机操作界面，单击手机操作界面上的开关按钮，水泵或电磁阀就会立即开启，同时按钮的颜色变为红色，显示为“关闭设备”，同时开始记录运行时间并显示在手机屏幕上，用户可以去做别的事情，根据手机上显示的时间来判断是否关闭水泵。

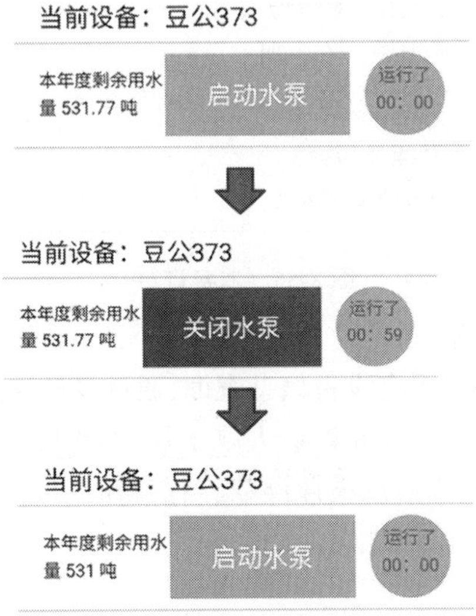

图 8-53　开、关水泵操作示意图

关闭水泵后,开关按钮的颜色又变为绿色,同时根据本次用水量的多少计算该用户本年度还可以使用的用水量,即剩余用水量。

三、信息查询

(一)消费订单查询

在手机界面上有一组信息查询按钮,如图 8-54 所示。其中一个是“消费订单”查询按钮。

图 8-54 信息查询界面

关闭水泵后,系统会自动结算,算出本次用了多少吨水、多少度电、花了多少钱等信息,并显示在消费订单中,如图 8-55 所示。

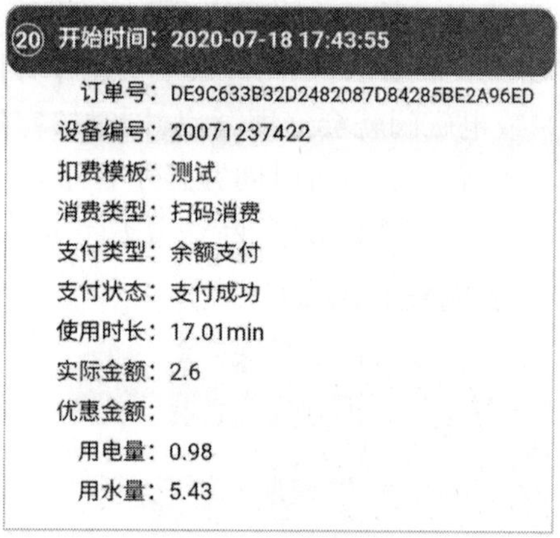

图 8-55 消费订单

(二)设备信息查询

除消费订单外,还设置有设备信息查询,通过设备信息查询可以看到该设备的相关信息:本眼井本年度允许最大取水量、本年度已用水量、本年度本月用水量、当前电表读数、当前流量计读数、当前瞬时流速、瞬时流量等信息,如图 8-56 所示。

(三)个人中心

个人中心主要记录了用户个人的一些基本信息,诸如:年度最大用水数量、已用水量、剩余可用水量、账户余额等。

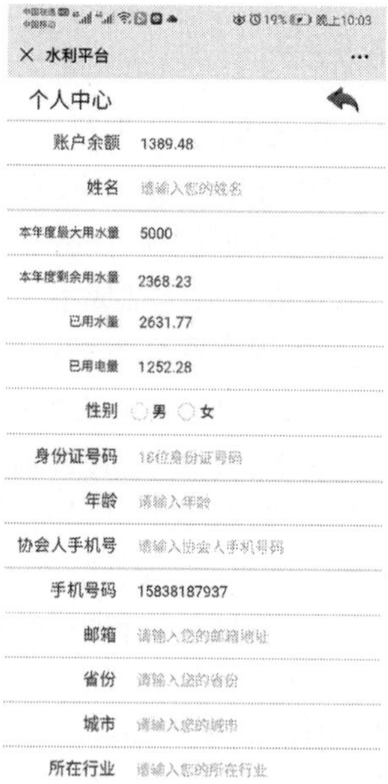

图 8-56　设备信息查询

(四)充值订单

充值情况不仅在微信中可以查询,也可以在充值订单中查询,并且还可以查询线下充值订单,如图 8-57 所示。

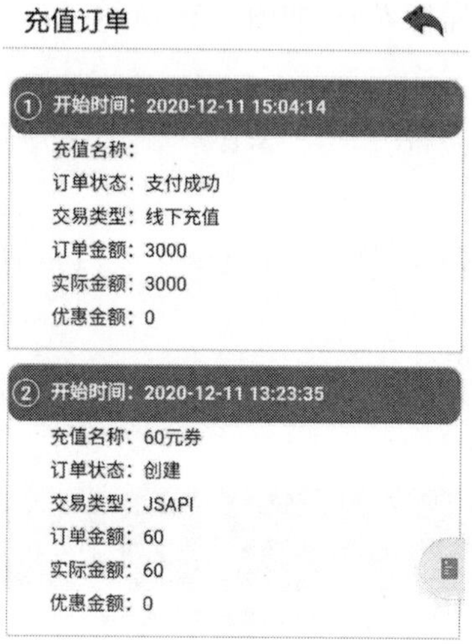

图 8-57　充值订单

四、自动化灌溉控制系统

结合水价改革,自动化灌溉尤为重要,进行水价改革,必须让农民减少浇地的开支,使农民达到实惠,农民才能大力支持,改革才能顺利实施,否则会困难重重,甚至半途而废,因此在进行水价改革的同时,必须大力发展自动化灌溉(无人化灌溉),从根本上减少农民的浇地成本。

减少农民的浇地成本主要体现在两个方面:一方面,采用节水喷灌技术,在满足同样的灌溉效果前提下减少每亩地的用水量,也就是减少用电量、减少电费,也就是减少农民的种地成本;另一方面,自动化灌溉可以大大减少劳动力的投入,即大大减少劳动力成本,基本上可以实现无人化灌溉,在当前劳动力急缺的情况下,自动化灌溉尤为重要。因此,本系统自带自动化灌溉功能,通过手机,人们不管在什么地方都可以进行远程控制灌溉,灌溉模式有4个:①点动;②自动;③定时;④循环(轮灌)。

手机上有9个电磁阀控制按钮,每一个按钮控制一个电磁阀,一个电磁阀控制一路支管,每一路支管可以覆盖6~12亩(1亩=1/15 hm^2,余同)地,9个支管可以覆盖50~100亩地,正好一个井配备一个自动化控制终端。

一个井或者说一个控制终端一个二维码,可以将二维码贴在井上,也可以贴在家里,更可以存在手机里。

具体操作如下:

(1)扫码进入手机操控界面,如图8-58所示。

图8-58 手机操控界面

(2)选择灌溉模式(默认为点动模式)。

①选择 定时 模式。在定时模式下,单击阀门开关按钮,弹出一个设置界面,选定定时时间(如图 8-59 所示),确定后就进入定时灌溉模式,时间一到,阀门就会自动关闭。

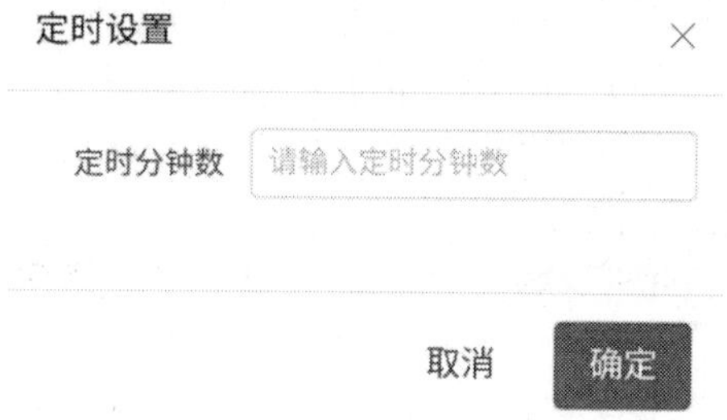

图 8-59　定时设置

在定时灌溉进行中,如果再次单击该阀门按钮,就会弹出一个窗口,如图 8-60 所示,可以查看工作时间和剩余时间。

图 8-60　查看工作时间和剩余时间界面

②选择循环模式。在定时模式下，单击阀门开关按钮，弹出一个设置界面（见图8-61），选定循环次数、间隔时间、循环范围，即从哪一个阀门开始，到哪一个阀门返回。

图8-61　循环设置

③选择自动模式。在定时模式下，单击阀门开关按钮，弹出一个设置界面（见图8-62），在文字框里输入上限值和下限值，系统会自动将实测值与上限值和下限值进行比较，当达到上限值时电磁阀关闭，当达到下限值时电磁阀打开，实现自动控制。

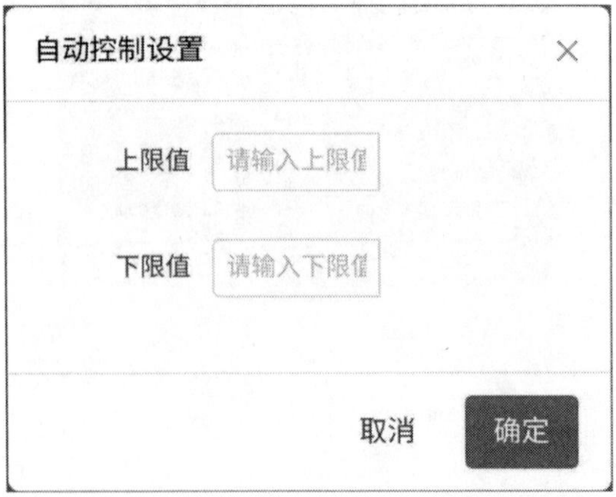

图8-62　自动控制设置

④选择点动模式。在点动模式下，操作最为简单，单击某一按钮，电磁阀打开，再单击该按钮，电磁阀关闭，如此反复，按照人们的意志随心所欲。

注：每一个阀门按钮上的字可以任意更改，如需要更改可以与后台管理员联系，如图 8-63 所示。

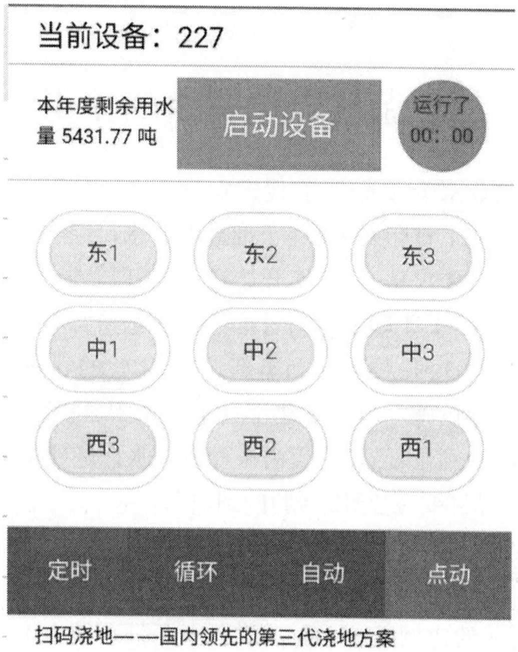

图 8-63　点动模式

第九章　以电折水

第一节　以电折水的作用

为建立健全农业水价形成机制，促进农业节水和农业可持续发展，国务院办公厅2016年1月21日印发了《关于推进农业水价综合改革的意见》(国办发〔2016〕2号)文件，要求从2016年开始在全国开展农业水价改革工作。河南省人民政府办公厅《关于印发河南省推进农业水价综合改革实施方案的通知》(豫政办〔2016〕203号)要求，“所有新建、改扩建的农业灌溉用水项目，必须同步建设供水计量设施。当前在建工程中尚未配备供水计量设施的，要在竣工前抓紧改造配套到位；已建工程尚未配备供水计量设施的，要在三年内完成配套改造。”“井灌区要逐步计量到井、到户”。

河南省作为农业大省，根据《河南统计年鉴—2018》显示，全省灌溉面积538.979万hm^2，其中耕地灌溉面积527.363万hm^2，节水灌溉面积189.327万hm^2，占灌溉面积的比例为35.13%，农业灌溉供水量为123.58亿m^3，全省机电井数量为4 212 169眼，参考相关文献研究，如果全部都安装计量设施，每套计量设施按中档标准8 000元计算，共需投入资金约337亿元，按目前河南省的财政状况和对农业的投入占比来看，很难实现全部安装计量设施，因而采用以电折水是最佳选择。为此，河南省发展和改革委员会、河南省水利厅下发的《关于印发河南省建立健全农业水价形成机制的指导意见的通知》(豫发改价管〔2018〕615号)中提出“没有用水计量设施的井灌区，在安装用水计量设施前，作为过渡方式，通过‘以电折水’调查，测算明确以电折水系数(即单位电量对应的灌溉水量)。”通过以电折水的方法，用农业用电量乘以以电折水系数，就可以测算出农业用水量。该方法为农业税改工作提供了可复制、可推广的经验和模式，实现了对农业用水的间接计量，是一种经济、实用、有效的解决办法。

具备一定的经济、技术和组织能力的，县级水行政主管部门和灌区管理单位应当加强对其政策、技术指导，协助其完成三项规划的编制工作，或由其委托具有相关资质的咨询服务单位编制。前期工作经费可以从项目地方配套资金和中央补助资金提取的管理费中支出。

（二）规划编制内容

规划内容一般包括规划范围的确定、规划水平年的选取、现状分析、目标的确定，以及工程布局、重点任务、保障措施等，但不同类型的规划，在内容安排上有所区别。

（1）农民用水户协会规范化建设规划。本规划要求明确规划范围和规划水平年；对灌区管理体制现状，用水户协会组织现状及存在问题做详细分析，分析说明用水户协会规范化建设的必要性及重要意义；对协会包括办公场所、办公设备、量测水设施等硬件建设做出规划；对协会的性质、职责和任务、组建程序等合法地位建设做出规划说明，有协会章程以及供水管理、工程维护、水费收缴、财务管理等规章制度和办法；有用水户协会包括协会执委会成员组织协调、业务技能等综合素质的培养提高等自身能力建设计划；对用水户协会的运作和监督管理做出规划，按照“民办、民管、民受益”原则，提出相应的工程经营、供水经营方案等，对协会实行内部监督、政府外部监管；对用水户协会规范化建设进行经济、社会评价；有协会规范化建设的组织、资金、政策保障措施。

（2）末级渠系工程改造规划。本规划要求明确规划范围和规划水平年；简述灌区骨干工程续建配套和节水改造工程完成情况，对灌区末级渠系工程基本情况、现状、存在的问题做详细分析，分析加强末级渠系工程建设的必要性及重要意义，提出上接骨干工程，下连农田的工程规划方案，并优化确定；明确用水户协会为工程建设主体；建设内容包括斗渠及以下的固定渠道工程及相应的渠系建筑物和量测水设施设备，配套田间土地平整、沟渠整治等工程措施；明确中央与地方配套资金比例，实行政府引导、以奖代补、先建后补、农民合理投劳自主建设，对改造投资进行合理估算；明确末级渠系工程改造后产权（使用权）属用水户协会，用水户协会负责改造后工程的运行管护；对末级渠系改造进行经济、社会、生态等方面的效益分析；有末级渠系改造的组织、资金、政策等保障措施。

（3）农业终端水价改革规划。本规划要求明确规划范围和规划水平年；对灌区供水、水价管理现状、存在的问题做详细分析，分析农业水价综合水价改革的必要性及重要意义；选用经权威部门确定的灌溉定额，对国有水利工程

三、申报原则

（1）农户自愿原则。充分尊重农民意愿，项目建设方案、投资投劳方案、管理运行方式和终端水价改革的主要内容，要由受益区农民民主议事通过。

（2）因地制宜原则。要根据当地水资源条件、生产实际需要、投资可能和水价改革的环境，科学合理地制订实施方案，做到经济上合理、技术上可行、政策上可操作。

（3）集中连片原则。项目选择要体现粮食产量品质、水土条件和集中连片优势，集中资金和技术，连片建设，形成规模，发挥工程的整体效益。

（4）规划指导原则。项目要编制三项规划，按照规划要求组织实施。

四、申报材料

项目申报要求提交以下材料：

（1）标准文本。按照财政部、水利部《关于印发 2008 年中央财政农田水利建设补助专项资金项目指南的通知》（财办农〔2008〕15 号）要求，编制《农业财政专项资金（水利）管理标准文本》，内容包括：申报主体的基本情况、项目建设方案（附项目区示意图）、资金筹措（含投劳）方案、建成后管护方案及村民会议有关决议等。

（2）三项规划。农民用水户协会规范化建设、末级渠系节水改造、农业终端水价改革规划及实施方案。三项规划必须通过水利部统一组织的专家审查，由省级水利部门出具行政审查意见。

（3）登记证书。提交用水户协会在当地民政部门进行社团登记证书复印件，以及机构代码证复印件。

（4）承诺文件。项目区所在县级以上人民政府出具的推行终端水价承诺函，保证依据农民承受能力，按照水价改革时间表落实终端水价。工程改造完成后授予用水户水利工程产权（或使用权）的承诺函，明确建立“产权明晰、责任明确、管理民主”的末级渠系工程产权制度。

（5）灌区意见。灌区管理单位对申报项目的意见，重点是要审核项目区以上的骨干工程续建配套和节水改造是否已经全部完成，改造方案是否与骨干工程相匹配，项目区改造具有一定的技术可行性。

五、项目审查

农民用水户协会根据三项规划填报项目申报标准文本，并在本协会内公示，公示期满，如无不同意见，经所在灌区管理单位签署意见后，报县级水利、财政部门。

县级水利、财政部门组织对项目申报的真实性及可行性进行审查把关，确保申报材料的质量，并汇总逐级上报至省级财政、水利部门。

省级财政部门和水利部门组织对项目进行审查，填写项目审查论证表（《农业财政专项资金（水利）管理标准文本》）。经审查合格后，按财政部、水利部下达的资金额度，等额编制省级年度项目文件，联合报送财政部、水利部。

财政部、水利部组织专家对项目申报文本进行合规性审查，出具审查意见。省级财政、水利部门根据审查意见，及时组织县级财政、水利部门和用水户协会进行整改，并将整改情况反馈给财政部和水利部。

六、项目批复

省级财政、水利部门要严格按照财政部、水利部对项目的审核意见，联合批复具体项目计划，下达中央财政补助资金和省级配套资金。

第三节　项目验收

农民用水户协会在县级水行政主管部门和灌区管理单位的指导下，积极推进用水户协会规范化建设、末级渠系节水改造和终端水价改革，努力构建“三位一体”的农田水利运行新机制。项目完成后，应及时组织验收。

一、项目验收的主体、对象

项目资金来源于中央财政农田水利建设专项资金，该资金是以省（自治区、直辖市、计划单列市）为单位进行补助的，省级财政、水利部门负责具体项目的安排及资金补助标准，县级财政、水利部门负责项目的组织和监督管理，农民用水户协会负责项目实施。同时，项目又涉及用水户协会建设、工程改造和水价改革等多项内容，实施的主体、进度和要求不同。因此，项目验收的主体应主要是省、县两级，分单项验收和整体验收，单项验收包括末级渠系节水改造项目验收、农民用水户协会规范化验收、终端水价改革验收，单项验收由县级水利、财政部门负责，整体验收由省级财政、水利部门负责。

项目验收的对象是农民用水户协会规范化建设、末级渠系改造工程建设和农业终端水价改革。其责任主体是县级政府及财政、水利部门，灌区管理单位和农民用水户协会。

项目是农业水价综合改革的试验项目，必须严格组织验收和系统总结经验。单项任务完成后由县级水利、财政部门进行单项验收。在全部单项验收完成后，由县级财政、水利部门向省级财政、水利部门提出整体验收申请，省级财政、水利部门组织专家进行整体验收，并出具验收报告，上报财政部、水利部。财政部、水利部组织有关专家，在省级整体验收的基础上，每省抽查1～2个项目，进行复核，为系统总结经验做准备。

二、项目验收的内容及标准

（一）验收内容

（1）项目是否按要求的时间进度和内容要求完成。

（2）农民用水户协会建设是否达到规范化要求，在组织末级渠系改造中作用发挥如何。

（3）末级渠系改造工程建设是否符合规划要求，是否达到规范标准。

（4）农业终端水价改革是否推行，是否制定改革时间表。

（5）地方建设资金是否按规定及时足额到位。

（6）项目区的水利灌溉条件是否得到明显改善。

（7）“三位一体”的农业水价综合改革效果如何，如农业增产、农民增收、农村和谐情况。

（二）用水户协会规范化建设验收标准

（1）法人地位得到确认。协会组建程序合法，依法进行登记，各项规章制度完善等。能够独立承担民事责任，充分发挥农民主体作用，引导组织农民克服“等、靠、要”思想，组织农户积极参与工程改造建设和维护管理等。

（2）管理能力和水平得到提高。工程改造验收后产权或使用权明确和清晰，工程管理维护制度完善、责任明确等。

（3）协调能力明显增强。协会与供水单位的协调关系良好，用水计划管理能力明显加强。能有效组织灌溉，水量计量科学有效，简便可行。

（4）实现灌溉用水“定额管理，计量收费”。

（5）供水技术服务水平等得到加强与提高。

（6）协会财务收支状况公开且规范，实行民主理财等。

（三）末级渠系改造验收标准

（1）中央和地方配套资金按计划足额到位，农民投工投劳得到落实，资金的管理与使用符合国家有关规定。

（2）工程建设程序及相关手续健全，工程建设质量合格以上。通过工程改造,项目区末级渠系上下匹配、设施配套齐全,量水、测水设施满足计量收费要求,技术指标达到预定的目标及有关规范要求。

(3)工程正常使用,效益充分发挥,末级渠系水利用系数达到70%以上。

(4)建立产权清晰、权责明确、管理科学、可持续发展的末级渠系工程管理体制和运行机制。

(四)终端水价改革验收标准

国有水利工程、末级渠系供水成本费用及终端水价测算科学、合理;农民水费承受能力分析符合实际;用水计量到农渠口以下;政府已批准终端水价改革方案,制定改革时间表;末级渠系供水收费不规范的问题得到控制;用水计量、水费收缴透明公开。

三、验收应提供的资料

省级财政、水利部门组织项目验收时,项目实施单位应提供下列资料:

(1)项目实施总结报告。

(2)灌区管理单位的评价意见。

(3)用水户协会规范化建设总结。并提供协会法人注册登记证、工程产权或使用权证复印件,管理设施、仪器设备图片,协会管理规章制度文本,组织农民"一事一议"投工投劳和灌溉服务、水费计收的相关证明材料等。

(4)末级渠系节水改造项目总结。并提供项目规划设计资料、资金筹措方案及到位情况、工程施工报告、检验报告等、经费使用情况说明、效益指标完成表等材料。

(5)终端水价改革总结。并提供终端水价测算资料、价格主管部门的成本监审情况、政府相关文件、供用水合同、政府承诺的水价改革计划,以及水费计收制度和执行情况等材料。

四、验收程序

根据项目实施的先后,验收分为单项验收、整体验收和抽查复核三个阶段。

(一)单项验收

项目计划下达后,由农民用水户协会组织实施末级渠系节水改造,工程完工后,由灌区管理单位和农民用水户协会对末级渠系改造工程和农民用水户协会规范化建设进行自验收,认为合格以上的,由农民用水户协会向县级水利、财政部门提出验收申请,呈报相关验收材料,县级水利、财政部门分别对末级渠系节水改造工程和用水户协会规范化建设进行单项验收，并出具单项验收意见，作为协会申请财政补助资金的依据。

（二）整体验收

农民用水户协会规范化建设、末级渠系节水改造完成后，推行终端水价制度，按照分步改革到位的原则，政府制定终端水价改革时间表，由省级财政、水利部门组织整体验收，并出具验收报告。

（三）抽查复核

在省级财政、水利部门整体验收的基础上，财政部、水利部从每省抽查1~2个项目，检查项目的执行情况，系统总结经验。

五、验收成果及运用

每项验收，都要形成验收报告，作为财政资金补助的依据。同时，地方财政、水利部门及农民用水户协会根据验收意见，在项目的实施中改进工作，提高项目的运行质量；中央财政、水利部门根据项目验收中发现的问题，及时总结，修订相关的政策，提高政策的质量。

第四节　资金使用与管理

项目关系到广大农民的切身利益，应严格项目资金的使用和管理，提高资金的使用效果。

一、财政补助方式

根据财政部、水利部《关于印发2008年中央财政农田水利建设补助专项资金项目指南的通知》（财办农〔2008〕15号）的规定，中央财政农田水利建设专项资金是以省（自治区、直辖市、计划单列市）为单位进行补助，补助比例不超过该省项目投资总额的50%，具体项目的补助标准，财政部、水利部规定由省级财政、水利部门自行确定。中央财政农田水利建设专项资金对项目实行“民办公助、先建后补”的方式进行补助，即必须按照农业水价综合改革的整体要求，规范农民用水户协会建设，完成末级渠系工程改造，推行农业终端水价改革，并通过验收的，中央财政资金才能予以补助。

二、资金拨付方式

中央财政农田水利建设补助专项资金和省级财政配套资金应足额拨付到

项目所在地区县级财政部门。

为提高农民参与末级渠系节水改造的积极性，引导农民采取“一事一议”的方式投工投劳，改善农业生产条件，应采取多种方式解决项目启动资金不足的问题：一是农民用水户协会采取“一事一议”的办法筹集启动资金，组织农民投工投劳，项目完工验收合格后，由财政直接拨付农民用水户协会；二是地方配套资金可先行拨付，作为项目的启动资金，中央财政补助资金待项目完工验收合格后，由财政一次性拨付；三是项目委托第三方，如灌区管理单位、施工单位、原材料供应商等垫资，待工程完工验收合格后，经协会认可并履行相关手续后，由财政直接拨付第三方；四是采取农村金融支持，通过县级财政根据批准的项目计划予以担保，由农业政策性金融机构发放小额贷款，支持项目改造，待工程完工验收合格后，经协会认可并履行相关手续后，由财政拨付用水户协会偿还金融机构贷款。

三、资金管理

项目的资金中央以省为单位补助，各省应根据中央制定的资金管理办法，相应制定项目资金管理细则，明确资金管理的政策要求，加强对资金使用的监督检查；地方负责具体项目的安排、项目的实施和资金的使用管理。

各级财政、水利部门应加强对项目资金的管理，按照财政部门管资金、水利部门管实施的原则，进行分工协作，水利部门负责项目的相关技术审查，财政部门依据水利部门的技术审查，严格项目资金拨付和使用，确保资金安全和效益。用水户协会也应建立健全财务管理制度，加强对各级财政补助资金的使用管理。

为保证项目的实施，地方可以从中央补助资金中提取不超过中央补助资金1%的项目管理费。管理费用于中央补助项目的审查论证、规划编制、工程设计、技术咨询、项目验收等管理支出。不得用于人员补贴、购置交通工具等。

第五节　项目总结

农业水价综合改革暨末级渠系改造项目完成后，要进行全面的建设总结，总结工作中的成效，分析存在的问题及原因，提出改进政策的建议，编写项目总结报告。

一、项目总结的编制主体

县级水行政主管部门及灌区管理单位组织区农民用水户协会进行项目总结,形成单个协会的总结。县级水行政主管部门及灌区管理单位在各协会总结报告的基础上,形成整个项目总结报告,并逐级上报。

二、项目总结的主要内容

(一)项目区概况

简要说明项目区基本情况;分析灌区用水户协会建设、末级渠系工程、供水水价的现状、存在问题,农业水价综合改革暨末级渠系改造的重要性与必要性。

(二)项目实施目标、任务

简述项目的主要目标、任务和要求。

(三)协会及工程建设、水价改革任务完成情况

用水户协会规范化建设完成情况。协会数量、管理的灌溉面积、协会所辖工程产权落实、建章立制、工程良性运行和发挥效益等规划目标的实现情况。

末级渠系工程改造建设完成情况。灌区斗渠及以下的固定渠道工程及相应的渠系建筑物和量测水设施设备,配套田间土地平整、沟渠整治等工程改造、配套是否按照计划和质量要求完成建设任务,节水效果。

终端水价改革完成情况。总结终端水价、农民水费承受能力测算,终端水价制度推行,水费计收管理,末级渠系水费使用管理等方面的成效。

(四)资金使用与管理情况

工程建设资金的管理是否能够遵守国家有关财经法规,做到专户储存、专人管理、专账核算、专款专用。工程账目是否清楚,财务管理是否规范等。工程参建各个主体在资金管理中的权利和责任是否明确。

(五)成效分析

总结农业水价综合改革暨末级渠系改造工作对促进农业增产、农民增收、农村社会和谐,以及保障国家粮食安全、促进农业节水等方面的成效。

(六)提出建议

提出完善和推进“三位一体”农业水价综合改革的政策建议。

第十一章　项目监测评价

第一节　项目监测评价的必要性及主要作用

监测与评价是现代项目管理的重要内容,既是项目管理的一个工具,同时也是项目内容的一部分。监测和评价是两项密不可分的工作,所以一般把监测与评价视为统一体。监测与评价的区别在于:监测侧重于信息的收集,而评价侧重于利用监测信息进行分析和判断;监测是一个连续不断的过程,而评价则具有一定的阶段性,如执行中期评价、竣工期评价、项目后评价等。

项目监测与评价就是通过建立监测与评价的组织体系,利用一定的方法和技术手段,对项目建设情况、运行情况、影响和效果等过程,进行动态的跟踪调查、统计和测定,准确掌握项目相关各方面的信息,进而从建设、运行、影响和效益等方面,进行科学分析和客观评价。

农业水价综合改革暨末级渠系改造项目作为全国范围内的项目,项目目标明确,即通过用水户协会规范化建设、末级渠系改造、终端水价改革,建立"三位一体"的农田水利良性运行机制,提高农业综合生产能力,节约水资源,减轻农民水费负担,保障国家粮食安全。这些目标是否能实现,实现的程度如何,需要通过科学的监测手段、收集可信的数据来进行客观的评价。在评价分析的基础上编制项目监测评价报告。在项目目标完全实现后逐步向全国推广,从而发挥项目的作用。所以,对项目进行监测和评价是非常必要的。

项目监测评价的目的是监测和评价水价综合改革项目"三位一体"目标的实现程度,即在用水户协会规范化建设、末级渠系改造、终端水价改革实施后,项目取得的经济效益和社会效益,主要包括农田水利良性运行机制,农业综合生产能力,节约水资源,减轻农民水费负担,社会和谐等效益。

项目监测评价主要的作用是通过监测掌握项目实施情况,监测项目实施取得的效益并总结经验,发现存在的问题并对政策加以完善和深化。

第二节 项目监测评价主要指标

实施项目监测,首先是根据项目目标确定监测内容,然后根据监测内容制定监测指标,指标确定后还要制定监测的方法,最后还必须落实监测的负责机构。

监测指标是监测评价的关键。在指标选择时必须坚持两个基本原则:一是紧紧围绕项目目标;二是指标数据易于获取。

按指标的监测对象划分,监测指标可以分为两类,即用水户协会监测指标和灌区监测指标。

按监测指标的性质划分,可以分为基本指标和运营(效益)指标。基本指标指协会及灌区的现状及建设情况,运营指标反映协会及灌区在项目实施后的效益,如节水、增产、社会和谐等方面的效益。这些监测指标既有定性的,又有定量的。

按项目事先设定的目标,农业水价综合改革项目的监测指标包括以下六类。

一、粮食安全的指标

(1)灌溉面积(亩)。指项目区的有效灌溉面积。

(2)受益人口(人)。有效灌溉面积内的受益人口。

(3)粮食总产量(kg)(项目区粮食生产总量)。这一指标体现项目建设前后项目区粮食生产能力的变化和农业综合生产能力的提高。

(4)经济作物总产值(元)。项目区粮食以外的其他作物的年产值,项目区农业综合生产能力提高后,经济作物产量提高或种植结构调整后的经济效益。

(5)灌溉保证率(%)。预期灌溉用水量在多年灌溉中能够得到充分满足的年数的出现机率。这一指标体现农业灌溉基础设施抵御自然灾害的能力,分别以现状灌溉保证率和设计灌溉保证率体现项目实施前后的变化。

二、农民经济效益的指标

(1)亩均水费(元/亩)。计算方式为农民向协会缴纳的水费除以灌溉面积。这一指标体现项目建设对于农民水费支出的变化。

(2)农民水费支出占农业收入的比例(%)。计算方式为亩均水费支出除以亩均农业收入。这一指标体现项目建设对于降低农业生产成本的效果。

(3)农民人均收入(元/人)。包括农业收入和非农业收入,协会规范化建设后服务专业化水平提高,农民外出打工增加,非农收入提高。

三、水资源的指标

(1)渠系水利用系数(%)。协会管理的末级渠系水利用系数,反映协会工程现状和用水管理水平。

(2)总用水量(m^3)。项目区一年的用水量,包括向灌区买水量及自备水源用水量。

(3)年亩均用水量(m^3/亩)。项目区亩均灌溉水量,这一指标体现项目建设后的节水效果。

(4)供水结构调整[灌溉用水占总用水比例,(%)]。计算方式为协会灌溉用水总量除以协会社区总用水量。这一指标体现农业节水后,在有条件的地方,农业用水向工业转移,支持当地经济发展。

四、水价改革指标

(1)终端水价(元/m^3)。农民向用水户协会缴纳水费时的水价,包括国营水价和末级渠系水价的综合。终端水价有可能是政府定价也可能是协会内部商议确定。

(2)计量收费比率(%)。协会内对农民水费按水量计收的比例。

(3)灌区对协会的水价(元/m^3)。灌区向协会卖水的实际价格。

(4)灌区对协会的水费收入(元)。协会向灌区缴纳的水费。

(5)灌区对协会的水费收缴率(%)。协会实交灌区的水费与应交水费的比值。

五、协会运行指标

(1)协会水费收缴率(%)。为农民实交协会的水费与应交水费的比值,体现农民缴纳水费的意识。

(2)协会收支状况(元)。协会年收入减去支出,协会作为一个法人实体运行一年的状况,体现它可持续发展的能力。

(3)内部管理状况。以定性描述为主,包括协会的制度建设情况、机构设置和运行情况。

(4)末级渠系工程状况[末级渠系工程完好率,(%)]。用水户协会管理的渠道的完好程度,体现工程状况。

(5)灌溉周期(d)。协会完成一次灌水所需平均时间,体现项目建设后灌溉效率的提高,有工程改造和管理提高、灌溉秩序改善等因素。

六、社会效益指标

(1)灌溉秩序。用水事纠纷发生的次数。体现协会规范化建设、工程改善、水价到位后,协会管理水平提高,用水配水计划性提高,群众用水纠纷减少。

(2)水价改革及对协会的政策支持。项目区地方政府颁发的关于水价改革、终端水价方面的政策的数量,主要内容、实施措施和效果;项目区地方政府颁发的关于与用水户协会性质、责任、权利等有关的政策的数量,主要内容、实施措施和效果。

(3)对项目区经济发展的作用。农民外出务工人数和非农业收入。反映协会规范化建设后服务专业化水平提高,外出务工人数增加,非农业收入变化的情况。

(4)对社会和谐及乡村文明的促进作用。用水户协会的民主管理、一事一议可以促进农民团结合作,通过民主商议解决问题,增进乡风文明。

(5)推进农村民主意识方面的作用。通过用水户协会规范化建设和农民用水自治思想的贯彻和学习,农民行使用水户协会章程赋予的权利,农民也逐渐意识到作为一个公民应该享有的宪法和法律赋予的其他权利,农民政治素质的提高必定会推动农村民主政治建设。

第三节　项目监测评价的实施

根据监测内容与指标,确定监测方法、明确监测的负责机构。项目评价方法和主要内容如下。

一、建立监测评价系统

建立统一的监测评价系统是实现项目监测的前提。通用而且可行的方法是根据监测指标的填报对象编制监测指标报表,由监测负责机构分发给项目区的基层政府、协会和灌区,并组织填写。

由协会负责报送的报表流程为:协会—县水利部门—省水利部门—水利部。灌区数据的报送流程为:灌区—省水利部门—水利部。灌区和县级水利部门以电子文件形式逐级上报并分级汇总。

二、建立监测评价体系

监测评价的范围包括实施水价综合改革项目用水户协会、项目县、协会所属灌区、省。项目用水户协会、协会所属灌区是直接的监测评价对象,项目县、项目省和水利部是监测评价的组织、汇总及监测评价报告编写的责任者。

与项目有关的各级单位在监测评价中的职责如下：

(1)用水户协会。负责收集用水户协会监测的相应数据，填写监测表格，及时上报县级水利部门。

(2)县级水利部门。负责指导和帮助协会收集、填报数据，并对协会填报的数据进行核对，负责收集其他相关数据并汇总，编写监测报告，及时上报省级水利部门。

(3)灌区管理单位。负责收集灌区监测的相应数据，填写监测表格，编写监测报告，并及时上报省级水利部门。

(4)省级水利厅。负责核对各县汇总的用水户协会监测数据、各灌区上报的监测数据，汇总本省的数据，编写监测报告，及时上报水利部。

(5)水利部。汇总各省上报数据，对协会、灌区的数据进行比较分析，发表年度监测评价报告。

为顺利开展监测评价工作，各级监测评价主体应指定专人负责监测评价工作，并接受相关的培训。各项目实施单位应在项目实施前上报基线数据，项目实施后在每年年初上报上一年度的监测数据。

三、项目监测评价实施程序

(一)基线调查

实施前一年的统计数据作为基线数据。基线数据分别由县水利部门组织用水户协会和灌区收集，收集的范围包含本章第二节中监测指标的现状数据。

(二)建后数据收集

项目实施完成后，由县水利部门组织用水户协会和灌区收集年度监测数据，并每一年更新一次。连续监测2~3年，逐渐体现项目效益。

(三)数据收集方法

从数据来源分，监测数据有两大类：一是现有的统计数据；二是直接调查监测对象得到的数据。对于前者，可以直接从用水户协会、相关村镇、水管站所、灌区等获得，大部分的监测指标数据属于此类。对于后者，需要有关工作人员深入到各农户，采用抽样调查的方法，来收集有关的监测数据，少数监测指标数据属于此类，如农民水费支出占农业收入的比例(%)等。

无论是基线数据还是建后监测数据，都分别由协会和灌区收集，并按照协会—县水利部门—省水利部门—水利部及灌区—省水利部门—水利部的流程，自下而上收集并汇总。

(四)数据汇总及上报

协会应在县水利部门指导下填写监测表格,由县水利部门进行汇总,并填写监测汇总表,随县级监测评价报告一起上报省水利部门;省水利部门对县上报的监测数据进行汇总,并填写监测汇总表,随省级监测评价报告一起上报水利部。

四、评价方法

对项目效果的评价,常用的有前后对比法和有无项目对比法两种方法。前后对比法主要是将项目实施以后,历年的监测指标与项目实施前的基线数据相比较,一般可采用列表的形式,以直观地分析、比较项目实施以后各年的变化及其成效。而有无项目对比法,主要是将每年项目建成区采集的数据与没有项目的区域的数据进行横向的比较,同样可采用列表的形式,以对比分析和评价项目的影响与结果。农业水价综合改革项目的监测评价系统主要用于评价项目对现状的影响,以及是否能达到项目实施前设定的预期目标,所以项目的评价原则上采用前后对比法,在此基础上也可采用有无项目对比法,对相似条件下未实行农业水价综合改革的地区进行对比分析。

五、监测评价报告

(一)项目监测评价报告的编写

项目实施各级单位,包括灌区管理单位、县水利部门、省水利部门、水利部等,都应该编写监测评价报告,并且在项目建成以后的2~3年内每年编写一次监测评价报告。监测评价报告在收集的基线数据和年度监测根据的基础上,经过汇总、分析、调研等进行编写。监测评价报告应该点面结合,既有汇总的数据,又有个案。

(二)报告的主要内容

监测评价报告应该包括以下几方面内容:

(1)项目区及项目建设的基本情况。

(2)项目对保障粮食安全发挥的作用。

(3)项目对提高农民收入、减轻农民负担的作用。

(4)项目对节约水资源和优化配置水资源的作用。

(5)末级渠系水价改革实施情况。

(6)项目对改善协会运行,建立良性运行机制和科学的管理机制的作用。

(7)项目产生的社会效益。

(8)项目对其他地区的影响及示范作用。

(9)项目应改进的方面和建议。

第十二章　农业水价综合改革实践与探索

第一节　打磨岗灌区农业节水实践研究

打磨岗灌区位于南阳市内乡县,是河南省全省唯一一个全部采用管道自压灌溉的中型灌区,也是内乡县最先采用自压管道输水的灌区。灌区耕地面积12.5万亩,设计灌溉面积11.78万亩,灌区效益覆盖马山、余关、王店、湍东等4个乡镇32个行政村86个自然村,是内乡县重要的粮食生产、烟叶种植和畜牧养殖基地。灌区节水灌溉面积覆盖率达98%,斗口及以上灌溉用水计量率100%,2019年打磨岗灌区荣膺水利部、发改委“水效领跑者”称号,是河南唯一,也是全国8个获此称号的灌区之一,其灌溉水利用系数0.760位列这8个灌区之首。其中,灌区的东王庄协会还在2014年被农业部、发改委、水利部等9部委授予“全国用水示范组织”称号。

一、灌区建设完善情况

2004年以前,打磨岗水库是河南省唯一一座有库无灌区的中型水库。水库下游的马山、余关、王店、湍东等4个乡镇属丘陵地区,地表水和地下水奇缺,被群众称为“黑色东大岗”。

南阳市和内乡县坚持一张蓝图绘到底,先后整合实施了水利、农综、烟草等部门四大类项目,累计投入2.9亿元,迈开了灌区建设步伐。2004年,内乡县实施国家农业综合开发打磨岗灌区骨干工程,采用大口径混凝土管道输水,开凿山川,穿河跨岭,埋设干支管道22.54 km,发展有效灌溉面积1.2万亩。2010年,实施了新增农资补贴扶持小型农田水利基础设施项目,铺设管道45.7 km,修建闸阀房60座,发展节水灌溉面积1万亩。2011年和2012年,实施了小农水重点县高效节水灌溉项目,新增高效节水灌溉面积近5万亩。2014年,内乡县实施了打磨岗灌区烟草水源工程,新建总库容980万 m^3 的云露湖水库,实施了库库连通引水工程,通过新打无压引水隧洞、埋设干管复线等措施,新增有效灌溉面积6.66万亩,使灌区灌溉面积达到设计的11.78万亩规模。近年来,通过整合实施新增农资补贴、抗旱应急灌溉、第三批和第六批小农水重点县等项目,埋设管道 400 余 km,建设闸阀房 500 余座、出水口 5 900 多个。目前灌区拥有干管 1 条 11.98 km、支管 5 条 41.92 km、斗农管 280 km、闸阀房 550 座、出水口 5 141 个、计量设施 1 113 套。

二、灌区节水管理改革创新情况

打磨岗灌区覆盖面积大,效益群众多,是内乡县重要的民心工程、惠民工程和德政工程。为管好灌区工程,近年来,内乡县着力深化水利工程管理体制改革,由打磨岗水库管理所组织专人管理灌区。

(1)创立了"公司+协会"管理模式。2015 年,内乡县对全县国有水利工程进行资产评估,注册成立了内乡县水利建设投资有限公司,负责全县水利项目的融资、建设和管理,打磨岗灌区移交水投公司实行企业化管理,形成了内乡县水利建设投资有限公司主导,打磨岗水库灌区管理局+农民用水户协会的管理模式,灌区管理独立经营,单独核算,实行水费、票据、管护体系"三统一"管理,破解了灌区水费征缴和工程管护难题,初步形成了灌区管理的长效机制。打磨岗灌区东王庄农民用水户协会被评为国家农民用水户协会示范性组织。

(2)探索建立了有利于节水和灌区长效运行的水价形成机制。根据《河南省发展和改革委员会 河南省水利厅关于印发河南省建立健全农业水价形成机制的指导意见的通知》(豫发改价管〔2018〕615 号)文件精神,建立分类水价制度,实行超定额累进加价制度。渠灌区水价构成:渠灌区由骨干工程和末级渠系两部分构成。相应的渠灌区终端水价,包括骨干水利工程供水价格和末级渠系水价。终端水价计算公式如下:

$$P = (P_1W_1 + P_2W_2)/W_2$$

式中:P 为终端水价;P_1 为骨干工程供水价格,元/t;P_2 为末级渠系水价,元/t;W_1 为国有水管单位计量点计量的水量;W_2 为终端计量点计量的水量。单位为元/m^3。

渠灌区运行维护成本、渠灌区农业水价运行维护成本,包括骨干水利工程和末级渠系运行维护成本。骨干水利工程运行维护成本具体项目和测算办法,依照《水利工程供水价格管理办法》《水利工程供水定价成本监审办法(试行)》《水利工程供水价格核算规范(试行)》等规定,但不包含固定资产折旧和工程贷款利息。末级渠系运行维护成本,主要包括末级渠系的维护维修费、管理费和已成立基层用水合作组织等用水组织的人员误工补助,非自流灌区应包括动力费用。其中,管理费仅包括乡村两级用水合作组织的基本服务支出,误工补助按照本地农民人均纯收入和灌溉、管护等误工天数计算。渠灌区农业水价的核定按照国家“农业用水价格原则上应达到或逐步提高到运行维护成本水平”的要求,各地应综合考虑农业供水运行维护成本、本地水资源稀缺程度、现行农业水价实际水平、当地财力状况及用户承受能力等因素,终端水价可直接达到运行维护成本,也可逐步达到运行维护成本。骨干水利工程供水价格按照定价目录,实行分级管理。水资源严重短缺、用户承受能力相对较强的灌区,终端水价可直接达到运行维护成本水平。终端水价需要逐步达到运行维护成本的灌区,本着优先解决农业灌溉“最后一公里”的原则优先补偿末级渠系运行维护费用,国有骨干工程供水价格可逐步调整到位。建立农业用水终端水价与骨干工程供水价格联动机制,利于今后理顺和疏导骨干工程供水价格调整。鼓励农业规模化生产、用水大户与供水方(骨干工程管理单位和农民用水户协会)按照自愿平等原则,协商确定供水价格。分别测算出灌溉用水、人畜饮水和企业用水的供水成本,报县物价部门批复后执行,核定第一阶梯灌溉用水每立方米 0.4 元、人畜饮水每立方米 2 元、企业用水每立方米 0.9 元。

(3)分级核算建好账。灌区内支管、斗管的闸阀房全部安装水表,共计 1 200 多套,计量收费。协会对准用水农户收取水费,将所收水费交灌区管理局,灌区管理局上交给水投公司,水投公司到税务部门照章纳税后,提取 10%的大修基金,90%返还灌区管理局,灌区管理局自留 70%用于干支管网的维护,30%返还协会,用于协会管水人员的误工补贴、田间管网的维护以及移动管网的购置等。

(4)建章立制保运行。制定了《农民用水户协会章程》《用水管理制度》《财务管理制度》《工程管理制度》《会员公约》等规章制度,明确灌区管理局负责干支管道管护维修、水量分配调度、协会间用水矛盾协调;用水户协会负责闸阀房以下农管等末级管网管护维修,职责明确,制度健全。

(5)精准计量现智慧。作为全国农田水利设施产权制度改革县和省农业水价综合改革,内乡县依托高效节水灌溉项目的实施,实现了灌区田间提升智能化、水价机制规范化、灌区管理协会化、水费计收企业化和精准奖补节水化“五化”标准,初步建成了水价改革智慧水利先导区。2017 年以来,打磨岗灌区升级改造闸阀房 77 座,安装智能水表 150 块,可远程缴纳水费、实时查询剩余水量。此外,建立自动化监控系统,灌区管理中心可实时查看每个智能水表流量状况、用水量与水量剩余情况。

(6)先进技术要效益。初步建成自动化监控系统:一是视频监控系统,检测灌区的安全运行情况;二是气象检测系统,检测温度、风速风向、降雨量等情况;三是墒情测报系统,适时掌握农作物土壤含水情况,适时灌溉;四是管网检测系统,检测灌区管网运行情况,适时掌握管道压力、瞬时流量和累计流量;五是灌溉控制系统,实现远程操作。有效降低了管理成本,提升了灌区现代化管理水平和效益。

三、灌区发展和效益积极向好

目前,已初步建立了一整套适合本灌区的专业化、社会化、市场化工程管护维修体系,田间工程完好率接近 100%。灌区末级渠系工程的管理权、经营权交给用水户协会后,实现了建、管、用有机结合,最大限度地调动了农民参与灌区管理和建设的积极性。

(1)提高了设施管护水平,加强了末级渠系建设。原有灌溉管理模式下,"在建工程有项目有资金热火朝天,已成工程无人问、无人管、管不了"。灌区末级渠系工程的管理权、经营权交给用水户协会后,实现了建、管、用相结合,权、责、利相统一,协会的"主人翁"意识明显加强,最大限度地调动了农民参与灌区管理和建设投入的积极性,保证了灌区工程的良性运行和效益长期发挥。三年来,吸收社会资金 300 余万元,发展节水灌溉面积近万亩,新发展 1 万头以上的养殖场 6 个。管理处对自筹资金续建管道供水者,或协调其他行业项目投资建成的工程,水费标准按物价局核定基数的 50%收取,并签订供水合同。

(2)促进了节约用水,提高了水的利用效率。协会通过加强用水管理,成立专业浇地组织,使过去跑、冒、滴、漏等浪费水的现象得到有效遏制,上、下游均衡受益。通过开展技术培训,使群众掌握了基本的测水、计费、节水方法,改变了传统的大水漫灌习惯,促进了节约用水。近两年,随着省、市级节水灌溉配套项目的实施,灌区充分发挥自压喷灌优势,积极推广高喷微喷技术,先后在灌区主管道沿线修建出水口 400 多个,闸阀房 35 座,给广大用水户配备了 30 km 的微喷管带,推广喷灌技术,实现节水灌溉。喝"大锅水""上游淹下游干,大水到处蔓延"的现象没有了。

(3)减少了中间环节,减轻了农民用水负担。协会成立后,形成了管理处—协会—管理员—用水户管水体系,减少了中间环节,加强对水价水费的监督,杜绝了不合理收费和"搭车收费"现象。在每个行政村设立公示栏,协会对灌溉用水、缴费、工程维修等开支向群众公开,接受群众监督,增强了农民对协会的信任感，实现了灌溉水费按时足额征收、农民水费负担减轻的“双赢”效果。近几年灌区管理处水费征收率达100%，创造出了全省灌区供水的奇迹。协会选派责任心强的管水员对灌区农民用水实行有序管理，解决了长期以来的用水纠纷问题，原来经常发生的村民为水相互械斗的事件现已基本杜绝，农民生产生活用水秩序良好。

(4)解决了人畜饮水难题，促进了社会主义新农村建设。由于灌区地处浅山丘陵，属于严重缺水地区，人畜饮水难题一直是制约当地经济社会发展的重要因素。全国最大的规模化生猪饲养企业——牧原养殖公司，引用灌区的良好水源，先后在老庄、薛河、均张、宋沟等村建设万头以上的猪厂10多个，年用水量达50多万t；发展老庄、朱沟、李沟等养殖小区6个。2008年第四季度，争取并实施总投资800万元的灌区安全饮水工程，采用电脑自动化增压设备，长距离、大规模的管道输水方式，共建闸房15座、进排气阀12个、截止阀5个，铺设主管道23.5 km、支管及入户管道230 km。不仅解决了余关乡10个行政村2.5万人3 744户的安全饮水问题，而且解决了灌区管理处多年来一直无办公场所的问题，也使水费收入在原来基础上有所提高。

(5)利用节水技术，促进了农业种植结构调整。没有节水技术作为支撑，农业结构就调不高、调不优；没有优质高效农业作依托，农民就没有积极性，节水灌溉也推不开、推不广。灌区坚持“农业结构调整到哪里，节水工程就配套到哪里”，节水为调整服务，调整为节水开路，形成了结构调整“领跑”、节水灌溉“伴跑”、共同加速发展的良性互动格局。在区域布局上，马山镇围绕优质林果生产，大力发展喷灌、滴灌、微灌等高标准“三灌”技术；王店镇围绕瓜菜生产，大力发展膜下滴灌、微喷灌等大棚节水技术；余关乡则围绕烟叶、花生、朝天椒，搞好灌区配套改造和低压管灌，抓好输水工程节水改造和田间配套。近几年，灌区扩灌延伸，都是为当地结构调整的“重头戏”服务的。2009年和2011年内乡县遭遇了严重干旱，经过灌溉的作物小麦亩产400~500 kg，未经灌溉的作物小麦亩产在150~300 kg，甚至绝收。打磨岗灌区采用节水灌溉措施合理利用了水资源，扩大了灌溉面积，提高了粮食的产量；同时采用低压管灌、喷灌、微喷灌等先进的灌溉技术，可根据作物生长需水量控制灌溉用水量，可防止烟叶旺长、朝天椒的根腐病，余关乡孙沟村、东孙沟村采用喷灌、微灌措施灌溉的烟叶亩均产值在2 500~3 000元，不灌或其他方式灌溉的烟叶亩均产值在800~1 500元。

四、灌区节水改革存在的问题和对策

一是农民用水户协会经费来源不足，建议依托政府，使农民用水户协会成为一个独立的组织，对用水户协会给予适当的资金扶持。二是农民认识不到位，节水政策缺乏推动力，长期以来农民受水资源“取之不尽，用之不竭”的影响，人们对水商品的概念淡薄。建议加强对协会中农民必要的技术培训工作，做好节水灌溉和工程管护的宣传推广工作。三是形成水资源市场，没有进行水权交易。建议全面落实最严格水资源管理制度，严格灌溉用水总量控制和定额管理，明确区域农业用水总量指标，明晰农业水权，保障农民用水合法权益，公平公正开展农业水权确权。加快培育和发展水市场，健全水权交易制度。推广农业水权水票、流转、回购等经验，鼓励农业水权交易。县级以上地方人民政府或其授权的水行政主管部门、灌区管理单位可以回购灌溉用水户或用水组织水权内节约的水量。加强灌溉试验站网建设及灌溉试验成果推广应用，分区分类科学确定灌溉定额并建立定期发布制度，指导科学灌溉。

第二节　卫辉市农民用水户协会建设的探索与实践

一、加快农民用水户协会建设，充分发挥协会的作用

为了推动卫辉市农业水价综合改革工作再上新台阶，农民用水户协会建设至关重要。此前，卫辉市已经成立了市级农民用水户协会，乡镇协会、村级协会作为市协会的分支机构或会员单位，在调整市协会业务范围时一并完成注册。乡镇协会以农业服务中心为依托，挂乡镇级农民用水户协会牌子，负责指导各村协会灌溉用水管理、末级工程管护，协助电力公司做好高压用电设施巡视，发现问题及时报镇供电所或乡协会。

市协会办公用房、电脑、桌椅等，全部由市水利局负责。乡协会办公用房、桌椅等，由乡镇政府解决；村协会由村委安排办公条件。乡、村协会的电脑，通过水价改革或高标准农田等项目配置。市水利局负责制定全市统一信息系统技术标准，及时联网运行，统一制作新成立的乡协会公章。市、乡镇协会工作，主要由水利局退休人员承担，条件是熟悉政策，业务精通，责任心强，身体健康。村协会原则由村干部、会计等人组成，只支付灌溉、维护期的误工补贴。

二、加强农民用水户协会的制度建设，一切按制度办事

市协会要建立起协会规则制度，明确县、乡、村三级协会工作细则，配合有关部门开展工作，指导乡、村协会推进改革。主要制度要点如下。

（一）工程管护制度

（1）协会辖区内灌溉设施的管理权和使用权由协会享有。

（2）灌溉前，协会应对灌溉设备进行全面检查，对影响浇灌的设施应及时组织力量维修。

（3）灌溉期间，协会必须组织用水户对所辖区内灌溉设备加强检查维护，保证设备正常运行。

（4）每次浇灌结束后，协会要对辖区内灌溉设施进行检查，发现破损问题应及时修复，使其能正常发挥效益。

（5）灌溉设施小修、保养费用，由村协会提出申请，乡镇协会现场审核，采取报账制从运维费支付。

（6）工程大修、更新改造，提前上报财政局纳入本级水利维修基金安排。新建项目，通过有关部门申请上级资金解决。

（二）灌溉管理制度

（1）执行“三证一书”制度，村协会落实每户用水定额、初始水权，核实用水户基本信息，定期汇总每户用水量、节水量，按规定进行公示、上报，有土地流转等耕地变更情况时，及时上报调整用水户信息。

（2）种植结束后，由协会统计汇总用水户农作物种植类型、面积。

（3）用水户自行灌溉的，通过用户扫码自动缴费用水。实行统一组织联片浇灌的，由专人扫码自动缴费用水。

（4）严格执行市制定的农业水价或以电折水价格，不擅自提高收费标准。在协会信息化平台上有县级协会管理员进行设置，堵塞了各种漏洞，防止暗箱操作，真正做到公正、公开、公平。

（5）科学调度，合理配水，技术监控。坚持局部服从全局的原则，服从统一安排。严禁“人情水”“关系水”，严禁以权谋私。

（6）认真做好各户用水量统计工作，按市奖补政策定期公示。群众有异议时予以校核更正，无异议后按程序上报申请。

（7）严格依法管水。对采取不正当手段偷用水、多用水的用水户应由协会根据情节按协会章程和有关规定进行处理，情节严重的报政府部门处理，触

犯刑律的交司法部门处理。

(三)奖惩制度

(1)协会辖区内的灌溉工程遭到人为破坏,均应视其情节轻重由村协会做出限期修复、赔偿损失等处理。

(2)水工建筑物遭到人为损坏,肇事者应在 3 d 内修复,拒绝修复者报公安机关处理,直至工程恢复原貌。

(3)协会与其他组织之间的水事纠纷,由上级主管部门协调处理。

(4)协会每年年终召开用水户代表大会,对用水管理、工程管理、节水成绩突出的用水组织和用水户给予表彰和奖励。

(5)协会对爱护灌溉工程设施、遵守用水管理等成绩突出的会员,随时表彰。

(四)财务管理制度

(1)协会财务管理工作应遵守国家的法律、法规和财务管理制度,切实履行财务职责,如实反映财务状况,接受主管财务机关的检查、监督。

(2)协会按良性运行原则,建立成本核算机制,规范管理成本资料。

(3)协会配备合格的财务人员,并保持稳定性,在财务人员变动时应事先办好审计和财务交接手续。

(4)协会现金支出凭证,除需要有经办人、财务负责人签字外,还必须有协会会长签字。村协会申请小修养护费的,超过一定金额的,乡协会必须现场核实;低于一定金额的,实行据实报账,均需拍照上传到协会留存。申请误工补贴的,协会核实后,拨付到本人一卡通;申报办公、培训等费用的,协会按规定标准报账支付。严格控制开支,紧缩管理费支出。

(5)按照财务主管部门要求,对固定资产清查盘点,固定资产盈亏、毁损的净收入或净损失计入营业外收入或营业内收入。必须按照上级主管部门规定的时间和要求提交财务报告。

(6)对政府专项拨款,必须按国家有关规定列支。

(7)应将年度财务报告及会计凭证、账簿和资料等建立档案并妥善保存。

(五)物资设备管理制度

(1)严格遵守岗位责任制度,认真做好库房管理工作,防止材料设备遗失,充分发挥水利设施效能。

(2)材料设备设专人、专库保管,不得露天存放,设备材料未经负责人批准同意,任何单位和个人不得擅自动用,更不能以权谋私,私自挪用。

(3)做好防盗防火工作,确保物资设备安全管理。若设备丢失和损坏,做到谁保管谁负责赔偿。

(4)严格履行物资设备出入库房登记手续,建立健全物资台账和管理档案,做到"实物、台账"相符。

(5)物资设备存放应分区分类、整齐划一、合理堆放,确保调用方便。

三、加强信息化建设,减少管理成本

按照规定,各级协会(市、乡镇、村)都需要配备一套管理班子而各级管理人员的工资都要分摊到水价上面,如果管理人员过多肯定会增加农民负担,违背了水价改革的初心,一般来讲,各级协会都按最低配置,即三人制:会长、财务人员、维护(维修)人员。但是,即便如此,如果管理人员的工作量大,势必要求工资高,又会增加管理成本。因此,我们采用了最先进的现代扫码缴费技术,农民通过手机进行浇地,在手机上进行充值、开泵、关泵、结算、缴费,缴费后通过平台又自动转到协会的账户上,实现了无人化管理,大大减轻了管理人员的劳动强度,减少了管理成本,同时农民浇地可以实现远程开泵、关泵,进而减轻了农民的浇地成本,综合水价大大降低,得到了农民的认可,反过来又推进了水价改革的健康发展。

2020年,新乡市水价改革现场会在卫辉市召开,新乡市政府办、发改委、财政局、农业农村局以及新乡市所属各市县局领导和负责水价改革的部门领导都参加了会议,对卫辉市水价改革工作以及扫码浇地方式给与了肯定。

第三节　镇平县农民用水户协会章程(含党建)

第一章　总　则

第一条　本协会的名称:镇平县农民用水户协会 。

第二条　本协会的性质:由镇平县农业灌溉用水户和农村饮水安全用水户自愿结成从事农业灌溉及农村饮水安全工程供水管理的行业性社会协会,是地方性、非利益性的互助合作用水组织,具有法人资格,本会会员分布和活动地域为镇平县境内。

第三条　本协会的宗旨:以用水户为主,遵守宪法、法律、法规和国家政策,遵守社会道德风尚,全心全意提供有效的农业、农村供水服务,促进农业稳

产高产、节水高效及保障农村饮水安全供水。

第四条　本协会接受镇平县水利局的具体指导和帮助,接受镇平县民政局的监督管理,切实做好业务工作。

第五条　本协会的住所:镇平县工业路128号(镇平县老水利局院内)。

第二章　业务范围

第六条　本协会的业务范围:

(一)全面负责协会辖区内灌溉工程及饮水工程的管理和供水调度。

(二) 负责向用水户公开水费、水价、用水方量。

(三)为用水户提供与水利、灌溉及饮水安全有关的技术、咨询服务。

第三章　会　员

第七条　本协会的会员种类为个人会员。

第八条　申请加入本协会的会员,必须具备下列条件:

(一)拥护本协会的章程;

(二)有加入本协会的意愿;

(三)在本协会的业务农业灌溉及饮水安全供水管理领域内具有一定的影响。

第九条　会员入会的程序是:

(一)提交入会申请书;

(二)经理事会讨论通过;

(三)由理事会或理事会授权的机构发给会员证。

第十条　会员享有下列权利:

(一)本协会的选举权、被选举权和表决权;

(二)参加本协会的活动;

(三)获得本协会服务的优先权;

(四)对本协会工作的批评建议权和监督权;

(五)入会自愿、退会自由。

第十一条　会员履行下列义务:

(一)执行本协会的决议;

(二)维护本协会合法权益;

(三)完成本协会交办的工作;

（四）按规定缴纳会费；

（五）向本协会反映情况，提供有关资料。

第十二条 会员退会应书面通知本协会，并交回会员证。会员如果1年不缴纳会费或不参加本协会活动的，视为自动退会。

第十三条 会员如有严重违反本章程的行为，经理事会或常务理事会表决通过，予以除名。

第四章 组织机构和负责人产生、罢免

第十四条 本协会的最高权力机构是会员（代表）大会，会员（代表）大会的职权是：

（一）制定和修改章程；

（二）选举和罢免理事；

（三）审议理事会的工作报告和财务报告；

（四）决定终止事宜；

（五）决定其他重大事宜。

第十五条 会员（代表）大会须有2/3以上的会员（代表）出席方能召开，其决议须经到会会员（代表）半数以上表决通过方能生效。

第十六条 会员（代表）大会每届5年。因特殊情况需提前或延期换届的，须由理事会表决通过，报业务主管单位审查并经社团登记管理机关批准同意。但延期换届最长不超过1年。

第十七条 理事会是会员（代表）大会的执行机构，在闭会期间领导本协会开展日常工作，对会员（代表）大会负责。

第十八条 理事会的职权是：

（一）执行会员（代表）大会的决议；

（二）选举和罢免理事长（会长）、副理事长（副会长）、秘书长；

（三）筹备召开会员（代表）大会；

（四）向会员（代表）大会报告工作和财务状况；

（五）决定会员的吸收或除名；

（六）决定设立办事机构、分支机构、代表机构和实体机构；

（七）决定副秘书长、各机构主要负责人的聘任；

（八）领导本协会各机构开展工作；

（九）制定内部管理制度；

（十）决定其他重大事项。

第十九条 理事会须有2/3以上理事出席方能召开，其决议须经到会理事2/3以上表决通过方能生效。

第二十条 理事会每年至少召开1次会议，情况特殊的也可采用通讯形式召开。

第二十一条 本协会设立常务理事会。常务理事会由理事会选举产生，在理事会闭会期间行使第十八条第一、三、五、六、七、八、九项的职权，对理事会负责 。

第二十二条 常务理事会须有2/3以上常务理事出席方能召开，其决议须经到会常务理事2/3以上表决通过方能生效。

第二十三条 常务理事会至少半年召开1次会议；情况特殊的也可采用通讯形式召开。

第二十四条 本协会的理事长（会长）、副理事长（副会长）、秘书长必须具备下列条件：

（一）坚持党的路线、方针、政策、政治素质好；

（二）在本协会业务领域内有较大影响；

（三）理事长（会长）、副理事长（副会长）、秘书长最高任职年龄不超过70周岁，秘书长原则上为专职；

（四）身体健康，能坚持正常工作；

（五）未受过剥夺政治权利的刑事处罚的；

（六）具有完全民事行为能力。

第二十五条 本协会理事长（会长）、副理事长（副会长）、秘书长如超过最高任职年龄的，须经理事会表决通过，报业务主管单位审查并经社团登记管理机关批准同意后，方可任职。

第二十六条 本协会理事长（会长）、副理事长（副会长）、秘书长任期×年。【理事长（会长）、副理事长（副会长）、秘书长任期与会员（代表）大会任期一致，最长不得超过两届】因特殊情况需延长任期的，须经会员（代表）大会2/3以上会员（代表）表决通过，报业务主管单位审查并经社团登记管理机关批准同意后方可任职。

第二十七条 理事长（会长）为本协会法定代表人。

法定代表人代表本协会签署有关重要文件。

本协会法定代表人不兼任其他协会的法定代表人。

第二十八条　本协会理事长(会长)行使下列职权:

(一)召集和主持理事会(或常务理事会);

(二)检查会员(代表)大会、理事会(或常务理事会)决议的落实情况;

(三)向会员(代表)大会、理事会(或常务理事会)报告工作。

第二十九条　本协会秘书长行使下列职权:

(一)主持办事机构开展日常工作,组织实施年度工作计划;

(二)协调各分支机构、代表机构、实体机构开展工作;

(三)提名副秘书长以及各办事机构、分支机构、代表机构和实体机构主要负责人,交理事会或常务理事会决定;

(四)决定办事机构、代表机构、实体机构专职工作人员的聘用;

(五)处理其他日常事务。

第三十条　本协会设立监事会 3 名,成员 5 名,其中监事长 1 名,监事 2 名。监事任期与理事任期相同。

第三十一条　监事会是会员(代表)大会的监督机构,在(代表)大会闭会期间监督理事会,对会员(代表)大会负责。

第三十二条　监事会成员应当从具有良好职业道德和较高从业水平、奉献精神、热心本协会工作和社会公益活动的会员中选举产生。监事由会员(代表)大会选举产生。监事长由监事会选举产生,连续任期不得超过两届。

每届监事会监事的更新应当不少于 1/3。

本协会理事、常务理事、副秘书长、秘书长、副会长、常务副会长、会长不得担任监事。

第三十三条　监事会职责:

(一)监督理事会、常务理事会执行会员(代表)大会决议的情况;

(二)检查财务和会计资料,向登记管理机关、业务主管部门以及会计主管部门反映情况;

(三)监督理事会、常务理事会遵守法律和章程的情况。当会长、常务副会长、副会长、常务理事、理事和秘书长等管理人员的行为损害本协会利益时,要求其予以纠正,必要时向会员大会、业务主管单位及登记管理机关报告;

(四)监事列席理事会、常务理事会、会长办公会议及本协会其他会议;

(五)监督各分会、专业委员会履行职责的情况;

(六)提议召开理事会临时会议;

(七)向代表通报监事会年度工作情况;

(八)本章程规定或会员(代表)大会授予的其他职权。

第三十四条　监事会通过以下方式行使监督权:

(一)列席本协会各项会议,查阅会议纪要、财务票据等有关材料;

(二)听取理事会、常务理事会、各分支机构、秘书处的工作情况通报;

(三)对理事或专门委员会的委员提出质询;

(四)对于常务理事会、理事会、各分支机构会议作出的决议、决定,监事会认为存在违反程序或违背本协会会员根本利益的,可以建议进行二次表决;

(五)对监督事项提出建议和异议;

(六)对不称职的理事会成员进行警示或建议罢免。

监事应以监事会集体的名义行使监督权,不得以监事个人名义发表意见。

第三十五条　监事长职责:

(一)领导监事会开展工作;

(二)召集和主持监事会会议;

(三)签署监事会文件;

(四)监督、检查监事工作;

(五)监事会授予的其他职责。

监事长因故不能履行职责时,由监事长指定的监事代行监事长职责。

第三十六条　监事会每三个月至少召开1次会议,必要时,经监事长决定或者2/3以上监事提议,应当举行监事会临时会议。

监事会会议必须有2/3以上监事出席方可召开。监事会作出决议,须经到开会监事的过半数通过。

第三十七条　本协会1/3以上会员或者2/3监事,可以向监事会提议罢免监事长。罢免提议一经提出,应当在20日内举行监事会临时会议。

第三十八条　监事在1年内2次无故不参加监事会会议或任期内累计5次不参加监事会会议的,劝其辞去监事职务,若不辞职的,监事会应在30日内书面通知其停止履行监事职权,并在会员(代表)大会上予以追认。

第三十九条　监事有下列情形之一的,应当罢免职务:

(一)不执行本协会(代表)大会、监事会会议决议的;

(二)受到刑事处罚的。

第五章　党　建

第四十条　本协会坚决拥护中国共产党的领导,执行党的路线、方针和政策,走中国特色社会组织发展之路。

第四十一条　本协会按照党章规定,经上级党组织批准设立党组织。如暂不能单独建立党组织,支持通过联合建立党组织、选派党建工作联络员等方式,在本协会开展党的工作。

第四十二条　本协会党组织是党在本协会中的战斗堡垒,发挥政治核心作用。基本职能是保证政治方向,团结凝聚群众,推动本协会发展,建设先进文化,服务人才成长,加强党组织自身建设。

第四十三条　本协会换届选举时,应先征求党组织对主要负责人审核意见;本协会变更、撤并或注销,党组织应及时向上级党组织报告,并做好党员组织关系转移等相关工作。

第四十四条　本协会为党组织开展活动、做好工作提供必要的场地、人员和经费支持,将党建工作经费纳入管理费用列支,支持党组织建设活动阵地。

第四十五条　本协会支持领导班子与党组织领导班子交叉任职,优先推荐社会组织领导班子中的中共正式党员担任党的组织以及纪检组织领导。

第四十六条　本协会支持党组织对社会组织重要事项决策、重要业务活动、大额经费开支、接收大额捐赠、开展涉外活动等提出意见。

第六章　资产管理、使用原则

第四十七条　本协会经费来源:

(一)会费;

(二)捐赠;

(三)政府资助;

(四)在核准的业务范围内开展活动或服务的收入;

(五)利息;

(六)其他合法收入。

第四十八条　本协会按照国家有关规定收取会员会费。

第四十九条　本协会经费必须用于章程规定的业务范围和事业的发展,不得在会员中分配。

第五十条　本协会建立严格的财务管理制度,保证会计资料合法、真实、准确、完整。

第五十一条　本协会配备具有专业资格的会计人员。会计不得兼任出纳。会计人员必须进行会计核算,实行会计监督。会计人员调动工作或离职时,必须与接管人员办清交接手续。

第五十二条　本协会的资产管理必须执行国家规定的财务管理制度，接受会员(代表)大会和财政部门的监督。资产来源属于国家拨款或者社会捐赠、资助的，必须接受审计机关的监督，并将有关情况以适当方式向社会公布。

第五十三条　本协会换届或更换法定代表人之前须进行财务审计。

第五十四条　本协会的资产，任何单位、个人不得侵占、私分和挪用。

第五十五条　本协会专职工作人员的工资和保险、福利待遇，参照国家对事业单位的有关规定执行。

第七章　章程的修改程序

第五十六条　对本协会章程的修改，须经理事会表决通过后报会员(代表)大会审议。

第五十七条　本协会修改的章程，须在会员(代表)大会通过后 15 日内，经业务主管单位审查同意，并报社团登记管理机关核准后生效。

第八章　终止程序及终止后的财产处理

第五十八条　本协会完成宗旨或自行解散或由于分立、合并等原因需要注销的，由理事会或常务理事会提出终止动议。

第五十九条　本协会终止动议须经会员(代表)大会表决通过，并报业务主管单位审查同意。

第六十条　本协会终止前，须在业务主管单位及有关机关指导下成立清算组织，清理债权债务，处理善后事宜。清算期间，不得开展清算以外的活动。

第六十一条　本协会经社团登记管理机关办理注销登记手续后即为终止。

第六十二条　本协会终止后的剩余财产，在业务主管单位和社团登记管理机关的监督下，按照国家有关规定，用于发展与本协会宗旨相关的事业，或者捐赠给宗旨相近的社会组织。

第九章　附　则

第六十三条　本章程经 2020 年 8 月 8 日第 1 届会员(代表)大会表决通过。

第六十四条　本章程的解释权属本协会的理事会。

第六十五条　本章程自社团登记管理机关核准之日起生效。

注：本章程中“通讯”现为“通信”。

第四节　封丘县农业水价综合改革奖补办法(试行)

第一章　总　则

第一条　为进一步推进全县农业水价综合改革工作,加快建立节水奖补机制,促进农业用水,保护和调动农户种粮积极性,促使农田水利设施良性运行。根据上级有关农业水价改革文件精神,结合我县实际,制定本办法。

第二条　本办法适用于全县农田有效灌溉面积内已开展农业水价综合改革的区域,包括安装计量设施具备用水准确计量条件的农田区域和以电折水改革区域。农业水价形成机制不完善的不适用本办法。

第三条　本办法中农田有效灌溉面积指有一定水源,地块比较平整,灌溉工程或设备已经配套,在一般年景下当年能够进行正常灌溉的农田面积。

第四条　本办法所指的奖补是指农业灌溉用水定额内精准补贴和定额内用水节水奖励。

第五条　农业供水实行总量控制,定额管理。用水定额(单位面积水权)由县水利局参照《河南省地方标准农业用水定额》(DB41/T 958—2014),结合我县农业种植结构实际情况制定。

所谓农业用水限额是指一定区域内能够满足主要正常生产所需的年度取用水量。

总量控制是指某一区域在一定期限内对各单位用水总量的控制性管理,是建立水权制度,分配水权的基础。

定额管理是在一定时间内按照相应核算单元确定的,符合合理用水、节约用水要求的各类农业用水的限额。

第六条　奖补资金来源为各级财政安排的可用于农业水价综合改革、水利工程维修养护补助、农田水利工程设施维修养护等奖补资金。

第七条　本办法坚持总体上不增加农民负担、公平公正、公开透明的原则,统筹兼顾、突出重点、分类分批推进;在保证农业基本用水需求的基础上,建立“多用水多付费、少用水少付费、节约用水得奖补”的机制,推广计量收费和超定额累进加价相结合的用水制度,充分调动各方积极性,提高各级节水意识,提升工程运维水平。

第二章　精准补贴

第八条　补贴原则。重点补贴小麦、玉米、谷物、薯类等粮食作物，按照定额内实际用水量补贴（安装计量设施的以计量水量、以电折水区域以折算水量）；经济作物指棉花、蔬菜、果树等，若当年实际收成低于粮食作物的，需经村级管护单位申请、上报乡（镇）用水协会核实认可，可比照粮食作物进行补贴。

第九条　补贴对象。开展农业水价改革区域的农业灌溉用水农户，以及农民专业合作社、家庭农场、龙头企业等新型农业用水经营组织等用水主体。

第十条　补贴条件。农业水价调整到位、用水量未超定额、水费足额缴纳的用水主体，按照定额内实际用水量进行补贴；超定额的不予补贴；另外撂荒的农户也不予补贴。

第十一条　补贴标准。补贴标准由县水利部门会同财政、发改、农业部门依据改革前后定额内农业用水价格调整幅度，并结合灌溉成本变化情况、节水率、农民承受能力、当地财力状况等综合确定；根据定额内实际用水成本与运行维护成本之间的差额，每立方米水补贴 0.07 元。鼓励探索采取农田水利设施运行维护保险保费补贴等支付补贴资金。

第三章　节水奖励

第十二条　奖励原则。在保障农业正常生产的情况下，采取“节约部分奖励，超定额部分实行阶梯加价”模式，对采取节水措施、节水成效显著的用水主体，实际农业灌溉用水量低于农业用水定额部分进行奖励，提高基层主动节水的意识和积极性。

第十三条　奖励对象。开展农业水价改革区域的农业灌溉用水农户，以及农民专业合作社、家庭农场、龙头企业等新型农业用水经营组织等用水主体。

第十四条　奖励标准。由县水利部门会同财政、发改、农业部门依据节水量、节水措施和节水成效等因素综合确定。

安装计量设施的用水户以实际计量的水量，以电折水的用水户以折算的水量，根据用水户每年实际灌溉用水量与作物年定额用水量的差额确定，奖励标准分两个档次：①超定额用水及节水比例在定额 30% 以上不予奖励；②节水比例在定额 30%（含）以内的，按节约水量奖励 0.05 元/立方米。

第十五条　节水奖励可采取资金与实物相结合的方式实施奖励，也可探索优先用水、节水设施购置奖励等方式。鼓励用水主体转让节水量,政府或其授权的水利部门、灌区管理单位可予以回购,在满足区域内农业用水的前提下,推进节水量跨区域、跨行业转让,让节约用水的用水主体能够得到更多的受益,提高用水户主动节水积极性。

第四章　奖补程序

第十六条　奖补周期。以农业灌溉年度用水量为奖补周期,即当年12月1日至次年11月30日为一个灌溉周期。

第十七条　数据统计。农民用合作组织和新型用水管护单位要严格按照县发改部门制定的水价标准向用水主体收缴水费,所收缴的水费必须按规定用于水利工程维修养护支出,农业节水设施、设备购置支出等。灌溉周期结束后,由各村级用水管护单位按照单位基础数据采集、建立台账,依据村级计量设备平台调查统计本管理单位用水主体当年用灌溉面积、用水量、用电量、以电折水量、水费收缴等情况,调查统计数据填报必须实事求是、真实可信、杜绝虚报重报等现象;最后将统计情况在辖区内进行公示,时间不少于5天。

第十八条　申请上报。在村级公示无异议后,统计汇总相关资料由经办人、负责人签字盖章向乡(镇)农民协会提出奖补申请,上报所属乡(镇)农民用水协会。

第十九条　乡级审核。乡(镇)农民用水户协会接到申请材料后,要严格按照奖补条件组织人员对各基础数据进行认真审核确认,审核无误后,以乡(镇)农民用水户协会为单元,以当年年初确定的农业灌溉用水限额为基准,以规定的计算方法计算出每个村级用水管护组织精准补贴和节水奖励金额后,由经办人、负责人签字盖章打捆上报县用水户协会。

第二十条　县级审核。封丘县农民用水户协会接各乡镇申报材料后,组织人员对各乡(镇)申报数据进行审核,审核无误后,上报县水利局。

第二十一条　县级抽查。县水利局根据县农民用水户协会汇总上报情况,组织人员对奖补相关信息的真实性、准确性进行抽查,经审核确认后提出奖补拨款申请上报县财政局。

第二十二条　县财政局根据水利局审核后提出的奖补拨款申请,按照规定审批拨付。

第五章　监督管理

第二十三条　财政、发改、水利、农业农村等相关部门要加强对奖补资金的监督管理，严禁任何单位或个人采取任何方式冒领或套取补贴资金，对在奖补过程中弄虚作假，冒领或套取奖补资金的，依照《财政违法行为处罚处分条例》等相关法律法规，进行处理或处罚，情节严重的，追究相应责任，直至移交司法机关处理。

第六章　附　则

第二十四条　本办法由县财政局、发展和改革委员会、水利局、农业农村局负责解释。

第二十五条　本办法从发布之日起施行。

第五节　南召县 2021 年实施方案

一、基本情况

按照《南阳市水利局关于下达 2021 年农村水利项目任务清单的通知》（宛水农〔2021〕4 号）和《南阳市财政局南阳市水利局关于提前下达 2021 年中央和省级水利发展资金预算指标的通知》（宛财预〔2021〕124 号）要求，农业水价综合改革区在 2020 年实施农业水价改革试点区的基础上，选择田间工程配套完善、组织管理健全的区域继续扩大改革范围。

南召县 2021 年农业水价综合改革项目区共计 6 万亩，包括 2021 年南召县高标准农田建设项目 2.5 万亩和 3.5 万亩存量任务改革区，其中 3.5 万亩存量任务改革区包括马市坪乡 0.5 万亩，为 2013 年农业综合开发项目区；城郊乡 3 万亩，为 2018 年国储林项目区。

2021 年南召县 2.5 万亩高标准农田建设项目涉及石门乡、南河店镇、崔庄乡 3 个乡镇，主要建设内容包括土壤改良工程、灌溉和排水工程、田间道路工程、农田防护与生态环境保护工程、农田输配电工程。

本次改革项目区中涉及马市坪乡、城郊乡、石门乡、崔庄乡、南河店镇 5 个乡镇 24 个行政村。

二、农田水利配套工程建设

南召县 2021 年农业水价综合改革项目区共计 6 万亩，包括 2021 年南召县高标准农田建设项目 2.5 万亩和 3.5 万亩存量任务改革区。

其中，1#渠灌区，0.5 万亩存量任务改革区为 2013 年农业综合开发项目区,渠灌区现有干渠 3 条,支渠 12 条,田间渠系工程已硬化,本次在 12 条支渠新建 12 座分水口,配套闸门、启闭机。

2#渠灌区,城郊乡 3 万亩,为 2018 年国储林项目区,种植辛夷、五角枫、芍药、百合等。已建成柴岗村 5 个取水口、8 条主干供水管网;上店村 3 个取水口,6 条主干供水管网;背阴坡村 2 个取水口,4 个主干供水管网。本次不再配套农田水利工程。

3#渠灌区,2021 年南召县 2. 5 万亩高标准农田建设项目涉及石门乡、南河店镇、崔庄乡 3 个乡镇,主要建设内容包括土壤改良工程、灌溉和排水工程、田间道路工程、农田防护与生态环境保护工程、农田输配电工程。现状已建设农田水利配套工程,本次不再配套。

三、供水计量设施建设

据调查,1#渠灌区现有干渠 3 条、支渠 12 条,总干渠、支渠均无水量计量设施,本次规划在 12 条支渠配套一体化超声波流量计量水设施,共计 12 处,并配套闸门远程控制设备 12 台,使计量与控制于一体,严格实现阶梯水价。

2#渠灌区经国储林项目建设,上店村 3 个取水口,6 个压力罐,6 条主干供水管网,分别是 2 条 300 mm、4 条 110 mm;背阴坡村 2 个取水口,4 个主干供水管网、4 个压力罐,主管道均为 300 mm。现状均无水量计量设施,本次规划在以上主管道上安装流量计 8 套,其中 DN300 电磁流量计 4 套,DN110 电磁流量计 4 套,并对每个流量计配套控制阀门井。另外配套无线监控设备 4 台。

3#渠灌区 2021 年南召县 2. 5 万亩高标准农田建设项目均已配套用水用电计量设施,本次不增加计量设施配套。

本次在南召县水利局建设信息化管理中心一处,信息化管理中心设置服务器、工作站等接收与控制信息设施。

四、采用最先进的现代化技术使水价改革健康持续发展

加大政策扶持力度,积极联合其他涉农项目,整合资金,重点支持节水技术集成应用,大力推广节水技术,引导推广农机农艺相结合的深松整地、覆盖保墒等措施,提高水的利用效率;鼓励农户选用耐旱节水品种,注重抗旱减灾技术应用,推广耐旱农作物节水技术,使农民用水量降下来,亦即农民综合用水成本降下来,使农民切实感觉到水价改革的好处,赢得农民对水价改革的支持。

还将继续采用远程扫码付费技术,减少农民和管理人员充值缴费的麻烦,

减少农民浇地的劳动强度和浇地时间,还可减少管理人员的人数,从而减少分摊在农户用水的水价上的费用,进一步使水价降下来,使农业水价综合改革落到实处。

五、基层用水组织建设和工程产权

按照“政府引导、农民自愿、依法登记、规范运作”的原则,鼓励发展农民用水自治、专业化服务、水管单位管理和用户参与等多种形式的终端用水管理模式,支持农民用水合作组织规范组建、创新发展,并充分发挥其在供水工程建设管理、用水管理、水费计收等方面的作用。改革区域做到农民用水合作组织管理全覆盖。

六、农民用水合作组织建设

按照农业水价综合改革项目区范围,结合行政区划,本着民主协商的原则,南召县 2021 年农业水价综合改革区拟成立 5 个(乡镇级)农民用水户协会,24 个(行政村级)农民用水户协会,分会下设用水组或专职水管员,形成三级用水管护网络。协会建立用水户台账、工程管理台账,以及管理制度等,收支情况定期公示(每年至少公示 1 次)。除协会外,改革区域内的任何单位或个人不得再以任何名义向农民收取与灌溉用水有关的费用。

在 3.5 万亩改革区内乡级和村级用水户协会新增硬件办公设施,分别为电脑、打印机、文件柜、办公桌椅。

七、实施计划

(1)2021 年 3 月完成改革区实施方案的编制。

(2)2021 年 5 月改革区依法完成产权证、使用权证、水权证发放和签订管护协议书;改革区镇级农民用水户协会总会及各分会依法完成备案注册;完成各用水户协会办公场所建设,完善办公设施;完成协会各项制度建设,健全运行机制,正常开展工作。完成农业水价成本测算和水价核定工作。完成项目区计量设施配套建设。结合农业用水价格确定情况,出台农业用水精准补贴和节水奖励办法。

(3)2021 年 6 月完善规范资料,做好总结报告,做好迎接市级考核,形成独有特色的农业水价综合改革“南召模式”。

(4)在每个时间节点、每个工作阶段,同步进行社会宣传工作,让群众了解、参与、支持农业水价改革工作,为农业水价改革营造良好的社会氛围。

附 录

附录一 国家农业水价综合改革有关文件

文件一 大中型灌区末级渠系水价测算导则(试行)

第一章 总 则

第一条 为指导农业水价综合改革暨末级渠改造项目(以下简称"试点项目")的末级渠系水价测算,根据《水利工程供水价格管理办法》、《关于加强农业级渠系水价管理的通知》和《水利工程供水价格核算规范(试行)》,制定本导则。

第二条 本导则适用于试点项目末级渠系水价的测算。

第三条 本办法所称末级渠系水价测算,是指在政府价格主管部门和水行政主管部门的指导下,农民用水合作组织按照一定的程序和方法,对其管理的灌区斗渠及以下农业供水的水价进行测算的行为。

第四条 末级渠系水价要在明晰产权、控制人员、约束成本的基础上,按照补偿灌区末级渠系运行和维修养护费用的原则测算。

第二章 末级渠系供水费用的组成

第五条 灌区末级渠系供水费用由管理费用、配水人员劳务费用和维修养护费用构成。

第六条 管理费用是指农民用水合作组织为组织和管理末级渠系农田灌溉发生的各项费用,包括办公费用、会议费、通讯补助费、交通补助费及管理人员合理的误工补贴等。

第七条 配水员劳务费用是指农民用水合作组织在供水期内聘用配水人员所支付的劳务费。

第八条 维修养护费用是指农民用水合作组织对灌区斗渠及以下供水道和设施每年必须进行的日常维修、养护费用。

第三章　末级渠系供水费用的测算

第九条　管理费用的测算：

1. 农民用水合作组织成立 3 年以上的，可按近三年平均实际合理支出测算；

2. 组建 3 年及以下的，可依据试点项目区实际支出扣一次性因素合理测算支出水平；

3. 新组建或正在筹备组建中的，可依据灌区实际情况据实测定或参考当地同类供水规模的农民用水合作组织的支出水平确定。

农民用水合作组织的日常管理人员原则上应控制在 5 人以下，其中灌溉面积在 5 000 亩以下的，应控制在 3 人以下。

第十条　配水人员劳务费用的测算：

供水期内聘用的配水人员劳务费用可按当地农村劳动力价格和配水工作量合理确定。

农业末级渠系供水配水人员原则上应按万亩 3~5 人控制。

第十一条　维修养护费用的测算：

维修养护费用按农民用水合作组织所管理的试点项目区固定资产总额的一定比例确定，一般控制在固定资产总额的 1.0%~15%范围内。

试点项目区的固定资产总额是指本次末级渠系工程改造所形成的全部固定资产。试点项目区原已登记明细台账的固定资产，可根据实际情况适当调整固定资产总额。

第四章　终端供水量

第十二条　灌区农业供水实行国有灌区管理单位、农民用水合作组织和农户三级管理模式。

第十三条　农民用水合作组织应合理划分供计量单元，并在末级渠工程改造时设置终端供水计量点（如：农渠进口）。

第十四条　试点项目区测算末级渠系水价格时所采用的供水量，可依据水管单位供水销售计量点近五年平均年供水量乘以工程改造完成后末级渠系平均水利用系数定。

第五章　末级渠系水价的测算

第十五条　末级渠系供水费用按下列公式计算：

末级渠系供水费用=管理费用+配水人员劳务费用+维修养护费用

第十六条　末级渠系水价按照末级渠系供水费用除以终端供水量计算。即：

末级渠系水价=末级渠系供水费用÷终端供水量

第十七条　农业供水终端水价按下列公式计算：

农业供水终端水价=国有水利工程水价÷末级渠系平均水利用系数+末级渠系水价

第六章　水费计收

第十八条　农民用水合作组织应合理组织供水服务，并推末级渠系供水计量收费。

农民缴纳的农业水费为农业供水终端水价乘以终端供水量点的实际用水量。

第十九条　终端供水计量点的实际用水量，必须由农民用水合作组织聘用的配水员和用水农民共同签字确认。供水核算单元涉及多个用水农民的，必须协商确定相应量分配办法，并经2/3以上的农民同意。

农民用水合作组织必须建立供用水台账，对每一灌次的水量、水价以及水费计收予以公示。

第七章　附　则

第二十条　试点项目区末级渠系水价的确定可实行行政指导价，或由农民用水合作组织协商确定，并报县以上（含县级）政府价格主管部门和水行政主管部门备案。

第二十一条　农民缴纳的农业水费分为国有水利工程水费和末级渠系水费。

农民用水合作组织应按时、足额地将国有水利工程水费交付给国有水利工程管理单位。

末级渠系水费由农民用水合作组织按照相关规定使用和管理，并应建立相应的规章制度和公开制度，所有收入和支出必须予以公示。

第二十二条　实行终端水制度的灌区可参照本导则测算末级渠系水价。

附:末级水价核算案例

第一节 灌区基本情况

某大型灌区设计灌溉面积45万亩,灌区内有引水渠首4座;引水干渠8条,全长100.48 km;支渠25条,全长126.66 km;堤防工程23.877 km。国有水管单位供水计量点在斗渠进口,多年平均供水量21 000万 m^3,实测的斗渠渠道利用系数0.92,灌区内农民人均纯收入4 776元。灌区2004年已成立农民用水户协会22个,协会管理的分支渠307.78 km,斗渠829.97 km,农渠2 138 km。灌区现行水价0.063元/m^3,其中,国有水管单位水价0.055元/m^3,末级水价0.008元/m^3。已测算的现阶段灌区国有水管单位农业供水成本0.098元/m^3。

第二节 末级水价测算

一、末级渠系供水费用

(一)管理费用

该灌区自2004年已全部成立22个农民用水户协会,根据4年的运行情况,平均每个协会管理费用9 876元,依此作为管理费用计算的依据,计算得管理费用21.72万元,即

管理费用=9 876×22=217 272(元)

(二)配水员劳务费用

农业末级渠系供水配水人员原则上应按每万亩3~5人控制,考虑到该灌区运行的具体现状,每万亩4人计算配水员人数;灌区每年4月至11月进行农业供水,灌期8个月,按照当地经济情况,每个配水员年灌溉期劳务费用确定为4 800元,其中劳动报酬4 400元,交通补助300元,劳保用品等100元。配水员劳务费用86.4万元,即

配水员劳务费用=45×4×4 800=864 000(元)

(三)维修养护费用

该灌区管理单位2002年组织对全灌区末级渠系固定资产进行了盘点、清查,并对末级渠系固定资产进行了估算,得到了价格主管部门的认可(见下表)。测算的全区末级渠系供水的固定资产为7 727.20万元,其维修养护费用按照资产的1.4%计算,维修养护费用108.18万元,即

维修养护费=7 727.20万元×1.4%=1 081 800(元)

协会管理的末级渠系资产估算表

序号	渠道名称	总长度(km)	渠道条数(条)	衬砌形式	已防渗长度(km)	未防渗长度(km)	建筑物(座)	资产原值(万元)
1	分支渠	307.78	79	混凝土、砌石	277.85	29.93	683	1 694.091
2	斗渠	829.97	371	混凝土、砌石	620.41	209.56	3 492	5 064.47
3	农渠	2 138	1 213	混凝土、砌石	60.06	2 077.94	924	968.64
合计								7 727.20

(四)末级渠系供水费用

末级渠系供水费用=管理费用+配水人员劳务费用+维修养护费用

=21.72+86.4+108.18=216.3(万元)

二、终端供水量

该灌区多年平均供水量21 000万m^3,水管单位计量点在斗渠进口,协会的终端供水计量点在农渠进口,实测的斗渠渠道利用系数0.92,灌区多年平均终端供水量为19 320万m^3,即

终端供水量=21 000×0.92=19 320(万m^3)

三、末级渠系水价

末级渠系水价=末级渠系供水费用÷终端供水量

=216.3÷19 320=0.0112(元/m^3)

第三节　农业供水终端水价

农业供水终端水价=国有水利工程水价÷斗渠渠道平均利用系数+末级渠系水价

=0.098÷0.92+0.011 2

=0.106 5+0.011 2=0.117 7(元/m^3)

注:本文件中“通讯”现为“通信”。

文件二　关于加强农业末级渠系水价管理的通知

各省、自治区、直辖市及新疆生产建设兵团发展改革委、物价局、水利（水务）厅（局）：

为贯彻落实《国务院办公厅关于推进水价改革促进节约用水保护水资源的通知》（国办〔2004〕36号）及2005年4月召开的全国水价改革与节水工作电视电话会议精神，规范农业末级渠系水价秩序，切实减轻农民用水户不合理的水费支出，促进农业节水和农村水利事业的可持续发展，现就加强农业末级渠系水价管理有关事项通知如下：

一、充分认识加强农业末级渠系水价管理的重要意义

近几年，农业用水价格改革取得了一定进展。但由于供水管理体制改革滞后、供水工程缺乏必要的计量设施等原因，目前农业末级渠系（一般指国有大中型灌区的斗渠以下供水渠道和设施）水价管理薄弱，乱加价、乱收费和截留挪用水费的问题突出，既加重了农民负担，又助长了水资源的浪费，不利于农业节水和农民增收，同时也挤占了正常的水价调整空间。农业用水占全国用水总量的三分之二以上，节水潜力巨大。加强农业末级渠系水价管理，尽快建立和完善农业末级渠系水价形成机制，是深化农业用水价格改革的关键，是减轻农民不合理水费支出和促进农业节水的重要措施，对发展节水型农业、建设节水型社会具有重大意义。

二、加强农业末级渠系水价管理的总体要求

加强农业末级渠系水价管理，就是要在继续改革农业供水管理体制、改造和完善农业灌溉设施特别是末级渠系的基础上，完善农业用水价格管理，将农业末级渠系水价纳入政府价格管理范围，逐步推行农业用水计量收费和面向农民的终端水价制度。农业末级渠系水价要体现“多予、少取、放活”的方针，以切实保护农民利益，在明晰产权、清产核资、控制人员、约束成本的基础上，按照补偿农业末级渠系运行和维修养护费用的原则核定。

要积极推进农业供水管理体制改革，建立健全农业末级渠系管理组织，负责农业末级渠系的运行、维护和管理，强化成本约束机制，降低管理成本。要因地制宜、积极推广农民用水户协会等多种行之有效的管理模式和管理方式。要充分发挥农民用水户协会在组织和团结农民管理农业末级渠系方面的积极作用和优势，使之真正成为农民切身利益的代表。

要加大农业末级渠系改造力度。各级政府要增加对农业末级渠系改造的资金投入，调动水利工程管理单位、乡村基层组织和农户等多方面的积极性，形成多元化投入机制，为顺利实施农业末级渠系水价改革创造有利的工程条件。

三、规范农业末级渠系水费计收管理

各级价格、水行政主管部门要积极推进农业供水计量收费。农业供水计量要逐步延伸到斗渠以下的农业末级渠系，有条件的地方延伸到农户全面推行计量收费，尽快改变按灌溉面积平摊水费的传统办法。

规范水费计收，严格票据管理。水管单位、农业末级渠系经营者、农户之间要签订供用水合同，明确供水服务内容，根据当地灌溉用水特点，规定水费计收程序和办法，不断提高水费计收的制度化、规范化水平。收取水费要开具由政府有关部门监制的水利工程供水专用票据，无专用票据或不出具票据向农民收取水费的一律视为乱收费，农民有权拒交。

建立健全水费使用管理制度。水管单位和农业末级渠系经营者要制定具体的水费使用管理制度，强化成本约束机制，加强水费支出管理，严格控制水费支出范围。末级渠系水费要全额用于末级渠系的运行管理和维修养护，任何单位和个人不得截留、挪用。

四、加强农业末级渠系水价的监督检查

各级价格主管部门、水行政主管部门要加强对农业末级渠系水价、水量和水费计收情况的管理，价格主管部门要依法查处乱收费、搭车收费等价格违法行为。

完善社会监督机制。农业末级渠系水费计收实行公示制，水管单位和农业末级渠系经营者应采取公示栏、公示牌等多种便利方式，及时向农民用水户公示水量、水价、水费收入和支出等有关信息，接受监督。价格主管部门和水行政主管部门可从农户中聘请水价义务监督员，及时反映农业水价和水费计收与使用中存在的问题。

五、加强组织领导，狠抓贯彻落实

各地要从落实科学发展观，建立节水型社会，促进水资源可持续利用的高度，加强对农业末级渠系水价管理工作的组织领导。要加大宣传力度，采取灵活多样的形式，向全社会特别是广大农民群众广泛宣传水价改革政策。要紧

密结合本地实际情况，制定加强农业末级渠系水价管理的实施办法，周密部署，精心组织，抓好落实。要注意总结农业末级渠系水价管理工作经验，把农业用水价格改革不断引向深入，确保改革顺利推进并取得实效。

二〇〇五年十二月二十六日

文件三　关于加强农民用水户协会建设的意见

各省、自治区、直辖市水利(水务)厅(局)、发展改革委、物价局、民政厅(局)，各计划单列市水利(水务)局、发展改革委、物价局、民政局，新疆生产建设兵团水利局、发展改革委、民政局：

根据《中共中央 国务院关于进一步加强农村工作 提高农业综合生产能力若干政策的意见》(中发〔2005〕1号)关于加快农村小型基础设施产权制度改革的精神，以及《水利工程管理体制改革实施意见》(国办发〔2002〕45号)中“积极培育农民用水合作组织”，“探索建立以各种形式农村用水合作组织为主的管理体制”的要求，为进一步深化农村水利基层群管组织体制改革，促进工程的良性运行和充分发挥效益，现就加强农民用水户协会建设提出以下指导意见。

一、充分认识加强农民用水户协会建设的重要性

农村水利基础设施在增强农业抗御自然灾害能力、改善农业生产条件、提高农业综合生产能力、促进农民增收、发展农村经济中发挥着十分重要的作用。在农村水利建设与管理的改革中，鼓励和引导农民自愿组织起来，互助合作，承担直接受益的农村水利工程的建设、管理和维护责任，可以解决农村土地家庭承包经营后集体管水组织主体“缺位”问题；解决大量小型农田水利工程和大中型灌区的斗渠以下田间工程有人用、没人管，老化破损严重等问题；是适应农村取消“两工”(劳动积累工和义务工)新形势，建立农村水利建设运行新机制的需要；是巩固灌区续建配套节水改造成果，保证灌区工程设施充分发挥效益的需要。加强农民用水户协会建设，对培育和提高农民自主管理意识和水平，明晰农村水利设施所有权，建立现代高效的管理体制和运行机制，具有十分重要的意义。

近年来，许多地方在总结过去基层群众管水组织改革成功经验和学习借鉴国外先进用水管理方法的基础上，试点并推广农民用水户参与灌溉管理，在增强农民民主管理意识、密切供用水双方的关系、改善田间工程管理和维护状况、改进田间灌排服务水平、促进节约用水、提高水费收取率、减轻农民不合理

负担、降低农业生产成本、保证农民增收等方面取得了明显成效,也探索出了很多好的经验。实践证明,推进农民用水户协会的发展和改革,深受地方政府、灌区管理单位和农民的欢迎。田间灌排工程由农民用水户协会管理,是灌区管理体制改革的方向。各有关部门和灌区管理单位应进一步提高认识,统一思想,增强改革的自觉性,采取切实有效的措施,加强和积极培育、支持农民用水户协会建设。

二、加强农民用水户协会建设的指导思想和基本原则

加强农民用水户协会建设的指导思想是:

以邓小平理论、“三个代表”重要思想为指导,坚持以人为本,全面、协调、可持续的发展观,贯彻中央关于“三农”问题方针政策,通过加强、培育和支持农民用水户协会建设,解决多年来农村水利管理“主体”缺位,责任、权利、义务界定不清,效率和效益发挥不理想的问题,依靠互助合作集体的力量,自主兴办和管理农村水利工程设施,提高农村水利基础设施抗灾能力和管理水平,促进节约用水,提高农业综合生产能力,增加农民收入,实现灌区人口、资源、环境和经济社会的和谐发展,保障农业和农村经济的可持续发展。

加强农民用水户协会建设的基本原则是:

一是因地制宜,分类指导。从各地灌区管理的历史习惯、目前做法、管理水平、存在问题等实际出发,坚持管理体制改革的方向和原则,结合本地具体情况,制订加强农民用水户协会建设的具体措施。不应生搬硬套,搞一个模式、“一刀切”。

二是积极稳妥、注重实效。要采取积极措施加快改革步伐,加强、培育和发展农民用水户协会建设,同时要讲求实效,确保改革一处,成功一处,发挥效益一处,由点到面,逐步推广。

三是政府指导,自主管理。各级政府要加强对农民用水户协会建设的指导、扶持,要真正放权,把农村水利工程设施管理的部分或全部权利与责任都移交给用水户自主管理。

四是自愿组合、互利互惠。加强和培育、支持农民用水户协会建设必须坚持自愿组织、自愿参加、民主议事、民主决策、互利互惠的原则,避免行政机构越俎代庖,强迫命令。

三、农民用水户协会的职责和任务

农民用水户协会是经过民主协商、经大多数用水户同意并组建的不以营

利为目的的社会团体,是农民自己的组织,其主体是受益农户。在协会内成员地位平等,享有共同权利、责任和义务。农民用水户协会的宗旨是互助合作、自主管理、自我服务。

农民用水户协会的职责是以服务协会内农户为己任,谋求其管理的灌排设施发挥最大效益,组织用水户建设、改造和维护其管理的灌排工程,积极开展农田水利基本建设,与供水管理单位签订供用水合同,调解农户之间、协调农户与水管单位之间的用水矛盾,向用水户收取水费并按合同上缴供水管理单位。

农民用水户协会的任务是建设和管理好农村水利基础设施、合理高效利用水资源,不断提高用水效率和效益,为当地农户提供公平、优质、高效灌排服务,达到提高农业综合生产能力、增加农民收入、发展繁荣农村经济、保护和改善生态环境的目的。

农民用水户协会在国家法律和协会章程规定范围内,享有其管理的灌排设施所有权、经营权和管理权,接受水行政主管部门和社团登记管理机关的政策指导和灌区管理单位的业务技术指导,同时监督灌区的建设和管理工作,并参与有关水事活动。农民用水户协会与灌区管理单位在水利工程设施的建设与管理中是相互合作关系,在水的交易中是买卖关系。

四、农民用水户协会的组建程序

一是广泛宣传发动,组织培训。在充分尊重农民意愿的前提下,引导农民自愿组建农民用水户协会。农民用水户协会的组建要因地制宜,充分考虑当地灌溉排水的特点,根据农民群众的实际需要,选择适当的活动方式。

二是合理确定农民用水户协会的管理区域。为便于用水合理调配,统一组织工程维护,提高水的利用效率和效益,农民用水户协会管理的灌溉边界,按水系、渠系并结合行政区划的原则,由地方政府、村民委员会、水管单位以及农民用水户代表协商确定。协会的规模要与承担的任务相适应,方便用水户之间互助、合作,力求低成本和高效率。

三是建章立制。对农户情况进行调查和登记,划分用水小组,选举用水户代表,推选执委会候选人,召开用水户代表大会,选举执委会成员,制订章程以及供水管理、工程维护、水费收缴、财务管理等规章制度和办法,明确有关各方权利、责任、义务。农民用水户协会负责人的产生应严格按章程规定,民主选举,选出有能力、办事公道、热心公益事业、农民信得过的人。规章制度要经过用水户民主讨论,最后表决通过。

四是登记。农民用水户协会由县级人民政府民政部门登记管理,业务主管单位为县级人民政府水行政主管部门。业务主管单位可以将有关管理事务委托给乡镇水管部门。

农民用水户协会的登记条件和程序按照民政部《关于加强农村专业经济协会培育发展和登记管理工作的指导意见》等文件中的有关规定执行。

五、农民用水户协会的运作和能力建设

所有农民用水户都有节约用水、维护工程和交纳水费的责任和义务。农民用水户协会的成员在灌排工程建设和管理中,既要发扬热心公益事业的奉献精神,又要坚持按劳分配、公平合理的原则。协会成员的劳动补贴标准,由执委会或代表大会通过,报乡镇政府和灌区管理单位备案。

农民用水户协会所属工程的管理可采取灵活多样的经营机制。可以由协会集体管理,也可以采用承包等方式交给个人或小组具体负责。

农民用水户协会要坚持"民办、民管、民受益"的原则,要加强组织机构和内部制度建设,使协会运作民主、公开、有效、规范。

农民用水户协会要建立健全监督机制。所有涉水事务、财务状况、人员聘用等都要公开透明,接受广大用水户、当地政府和社会的监督。要定期向会员代表会报告工作,并在醒目位置设置公告栏,向用水户公开水费标准、用水量、水费收入与支出等情况。农民用水户协会要财务独立。规模较大的用水户协会应建立监事会。

要有意识地发现和培养妇女骨干,更多地发挥妇女在用水户参与灌溉管理中的作用。

农民用水户协会要加强自身能力建设,积极参加水行政主管部门和灌区管理单位组织的政策、技术及业务知识培训,提高业务技能和综合素质。要加强协会内成员的学习、培训和管理,提高业务水平和管理能力。

六、切实营造农民用水户协会的良好发展环境

推进灌排工程管理体制改革,为农民用水户协会的组建、发展创造有利条件是政府职责。各有关部门同时也应在政策、资金、技术等方面给予扶持。各级水行政主管部门要主动向政府提出推进改革的意见和建议,取得各级政府的重视和支持;要加强与发展改革、价格、财政、民政、农业和政策研究等有关部门的沟通协调,分工配合,共同做好农村水利基层群管组织体制改革工作。

各地在总结本地经验、学习借鉴外地做法和经验基础上,及时出台地方政

策法规，明确农民用水户协会的性质、任务，以及政府有关部门、灌区管理单位等有关各方在灌溉排水事务中的责任、权利、义务，为农民用水户协会的建设提供良好的政策法规环境。当地水行政主管部门要积极主动与民政部门沟通协调，共同做好登记管理工作。

各级水行政主管部门和灌区管理单位要做到信息公开，为农民用水户协会的发挥作用创造条件。加强对农民用水户协会中骨干力量的培训，提高其业务技能和综合素质。通过宣传典型、成效与经验，提高农民用水户协会的社会地位，扩大影响。要采用各种切实可行的办法为用水户参与灌溉管理的发展创造条件。要为用水户提供发表见解、表达诉求的场合。与用水户利益关系密切的重大事务决策、灌排项目规划、水量调配、水价制订、水费收缴、工程建设和管理维护等事务，必须充分听取农民用水户协会的意见。

各级发展改革、价格、水行政等有关部门要按照中央有关政策，深化农业水价改革，促进落实农民用水户协会的运行管理及工程运行维护经费来源。要统筹考虑需要和可能，将灌排设施配套改造逐步纳入农村水利工程建设计划，多方筹措资金予以实施，改善田间工程设施状况。

在农民用水户协会的发展过程中，水行政主管部门要加强组织领导，发挥业务主管部门的职能作用，加强监督检查，建立健全目标考核制度。要制定规划和实施方案，做好信息交流、技术指导、资金补助等方面的服务，及时发现和解决改革中的困难和问题。要深入实际，调查研究，总结经验，发现典型，以点带面，全面推动农民用水户协会的健康有序发展。

文件四　关于扎实推进农业水价综合改革的通知

各省、自治区、直辖市发展改革委、物价局、财政厅(局)、水利(水务)厅(局)、农业厅(局、委、办)、国土资源厅：

为深入贯彻中发〔2017〕1 号文件精神和国务院决策部署，认真落实《国务院办公厅关于推进农业水价综合改革的意见》(国办发〔2016〕2 号，以下简称《意见》)有关要求，现就扎实推进农业水价综合改革工作通知如下。

一、切实把推进农业水价综合改革摆到更加重要位置

农业是用水大户，也是节水潜力所在。农业水价综合改革是农业节水工作的“牛鼻子”，事关农业可持续发展和国家水安全。加快推进农业水价综合改革，建立健全农业水价形成机制，提高农业用水效率，努力缓解我国日益尖锐的水资源供需矛盾，十分必要而紧迫。

2016年1月《意见》印发以来，各地认真落实主体责任，结合实际，积极开展相关工作，农业水价综合改革有序推进，但一些地区仍然存在对改革重要性和迫切性认识不够、农田水利基础设施薄弱、水管单位管理体制改革不到位、资金筹集整合面临困难等问题。

2017年中央1号文件明确指出，全面推进农业水价综合改革，加快建立合理水价形成机制和节水激励机制。现阶段要通过“花钱买机制”等方式，建立健全农业水价形成机制，同步建立精准补贴和节水奖励机制，总体上不增加农民负担，调动各方推进改革的积极性。各地要进一步提高认识，把思想和行动统一到党中央、国务院决策部署上来，坚持稳中求进工作总基调，紧紧围绕深入推进农业供给侧结构性改革，切实把农业水价综合改革摆到更加重要的位置，把农业节水作为方向性、战略性大事来抓，加强组织领导，加大工作力度，按照《意见》确定的目标和任务，积极稳妥推进农业水价综合改革，加快完善支持农业节水政策体系，促进水资源可持续利用，保障农业和经济社会可持续发展。

二、充分发挥好典型示范引领作用

要遵循因地制宜、试点先行的原则，选择具备条件的地区先行开展农业水价综合改革，抓好试点示范，探索可复制、可推广的经验，形成示范效应，以点带面，逐步推开。

（一）将高效节水灌溉项目区全部纳入试点范围。坚持“先建机制、后建工程”的原则，按照《“十三五”新增1亿亩高效节水灌溉面积实施方案》（水农〔2017〕8号）有关要求，“十三五”期间，每年安排的2 000万亩高效节水灌溉项目区要全部实施农业水价综合改革，同步开展工程建设与机制建立，率先完成改革任务。

（二）进一步扩大试点县的实施范围。已开展农业水价综合改革的县（区、市）要认真总结试点经验，进一步扩大改革实施范围，以点带面全县推进，特别是缺水和地下水超采地区要加大工作力度，加快推进改革，力争2020年底前率先完成改革任务。

（三）具备条件的省份率先在全省范围内推开。北京、上海、江苏、浙江等经济较为发达、工程基础较好、群众水商品意识较强的省份，要进一步加大改革资金投入力度，在全省（市）范围率先全面推进改革，力争2020年底前完成改革任务。部分条件好的市、县要在1—2年内率先完成改革任务，及早形成示范和引领效应。

(四)其他省份重点加强示范推动。暂不具备全面推开改革的省份要选择一些条件相对较好的地区,集中力量做好改革试点,积累经验,发挥示范带动作用,逐步全面推开。

(五)总结推广典型经验。要对改革试点工作及时总结,将一些成功的改革方案、工作方法、机制设计进行提炼,形成典型经验,以多种方式开展交流和推广,以典型引路,促进改革稳步推进。

三、协同配套推进体制机制改革

要按照《意见》明确的各项改革任务,立足实际,大胆创新,积极探索,统筹农业水价形成机制与精准补贴和节水奖励机制、工程建设和管护机制、用水管理机制的协同推进,在总体上不增加农民负担的前提下,建立健全促进农业节水的体制机制。

(一)建立健全水价形成机制。要按照有关规定,结合本省实际,明确农业水价成本核定、价格制定原则和方法。改革地区要加强成本监审,及时核定骨干工程、末级渠系水价,不具备成本监审条件的可暂以项目投资概算或可研报告为基础核定。在此基础上,统筹考虑供水成本、水资源稀缺程度、用户承受能力、补贴机制建立等因素,制定农业水价改革方案,把握好水价调整幅度和节奏,将农业水价一步或分步提高到运行维护成本水平,有条件地区提高到完全成本水平。县域内农业用水条件、工程状况相近的毗邻区域,要加强沟通衔接,执行水价应尽可能统一。

(二)完善工程建设和管护机制。加大力度推进农田灌排工程设施建设和改造,新建、改建、扩建农田水利工程要统一规划,统一建设标准,按照满足取用水管理和计量收费的需要,同步配套经济适用的计量设施。在开展农业水价综合改革的县(区、市),大中型灌区续建配套节水改造、高标准农田建设、新增千亿斤粮食田间工程、农业综合开发等涉及农田水利建设的项目要同步推进机制建立,明确将计量设施建设、相关机制建立作为项目实施的重要内容,投资缺口较大、短时间难以配备计量设施的已建井灌区可探索通过“以电折水”的方式做好计量工作。落实工程管护责任,采取多种方式吸引社会资本参与工程建设和管护。推进水管单位管理体制改革,提高运行效率和服务水平,有效降低供水成本。

(三)建立精准补贴和节水奖励机制。按照总体上不增加农民负担的原则,切实保护农民合理用水权益,改革地区要同步建立精准补贴和节水奖励机制,对定额内用水的提价部分由财政给予补贴,节约部分适当奖励;超定额用水不再予以补贴,并逐步实行累进加价制度。各省要加强对市县的工作指导,进一步增加并明确中央财政水利发展资金用于农业水价综合改革的规模,省级有关资金也要对改革工作予以支持。开展农业水价综合改革的市县要多渠道筹集落实奖补资金,统筹整合相关涉农涉水项目资金,优化政策设计,加强补贴资金绩效管理。

(四)强化用水管理机制。要严格农业用水总量控制,将农业水权明晰到农村集体经济组织、农民用水合作组织、农户等用水主体。按照适度从紧的原则,加强灌溉用水管理,及时修订用水定额。在稳定粮食产量和产能的基础上,适度调整水资源短缺地区作物种植结构,提高耐旱品种覆盖率。积极开展高标准节水农业示范区建设,推动普及喷灌、滴灌等节水灌溉技术,加大水肥一体化等农业节水技术推广力度。大力推进现代农业产业园建设,把节水机制作为重要评价标准。

四、完善保障措施

(一)落实主体责任。按照中发〔2017〕1号文件精神和《意见》要求,省级人民政府对本行政区域农业水价综合改革工作负总责,已成立农业水价综合改革领导小组或联席会议的省份,要进一步完善工作机制,有效发挥组织推动作用;尚未建立的必须在2017年6月底前建立。尚未出台总体实施方案和2017年度实施计划的省份,要细化实化年度计划,列出改革清单,落到具体地块,于2017年6月底前务必完成,按规定报送国家发展改革委、财政部、水利部、农业部(以下简称"四部门")。四部门每年将各选取2个省份进行重点对口联系,加强指导督促。

(二)建立绩效评价机制。建立农业水价综合改革工作绩效评价机制,评价结果逐步纳入粮食安全省长责任制考核、最严格水资源管理制度考核。各地要相应建立改革台账、监督检查和绩效评价机制,推动各项任务落到实处。四部门将定期汇总各省改革工作进展情况,参照评价指标进行打分排序,每年通报一次,并抄报国务院办公厅,对改革推进不力、进展缓慢的省份,予以提醒和督促。

(三)建立资金分配挂钩激励机制。农业水价综合改革工作绩效评价有关指标的考核结果纳入中央财政水利发展资金绩效因素,与资金分配挂钩;在测算中央财政水利发展资金用于水利工程维修养护补助支出时,向开展改革的地区倾斜。中央安排的大中型灌区续建配套节水改造、高标准农田建设、新增千亿斤粮食田间工程、农业综合开发等其他涉及农田水利建设的资金也将逐步完善资金分配机制，与各地改革成效挂钩。省级有关部门在安排中央财政有关资金及省级相关资金时也应建立挂钩激励机制，加大对改革地区的支持力度。

（四）营造良好改革氛围。要注重加强农业水价综合改革的宣传引导，强化水情教育，引导农民树立节水观念，提高有偿用水意识，调动农民节水灌溉、应用节水技术的积极性和增强节约用水的自觉性。采取多种方式开展政策解读，及时宣传改革经验和成效，凝聚各方共识，为改革创造良好氛围。

附件：农业水价综合改革工作绩效评价办法（试行）

国家发展改革委
财　政　部
水　利　部
农　业　部
国 土 资 源 部
2017 年 6 月 6 日

注：本文件中，1 斤 = 0.5 kg。

文件五　水利部关于印发《深化农田水利改革的指导意见》的通知

为全面贯彻党的十九大精神，深入推进农田水利重点领域和关键环节改革攻坚，进一步激发和增强农田水利加快发展新功能，现印发《深化农田水利改革的指导意见》（以下简称《意见》）。请结合实际，认真抓好落实。

深化农田水利改革的指导意见

农田水利是保障国家粮食安全、促进农业现代化的重要基础，是实施乡村振兴战略的有力支撑，深化农田水利改革是推动农田水利持续健康发展的根本保障。党的十八大以来，水利部和各地深入贯彻落实中央全面深化改革决策部署，在大规模推进农田水利建设的同时，积极推进组织形式、投资体制、农业水价、产权制度、管护机制、基层水利服务体系等方面农田水利改革试点示范和实践探索，取得显著成效。为复制推广成功的经验做法，进一步深化农田水利改革，增强农田水利加快发展新动能，现提出如下意见。

一、深刻认识深化农田水利改革的重大意义

1. 增强改革责任感和紧迫感。深化农田水利改革是贯彻落实党的十九大精神和实施乡村振兴战略决策部署的迫切要求，是全面深化农村改革、激发农村发展活力的重点任务，是破解农田水利组织难、投入难、管理难等矛盾的关键举措，是加快补短板强弱项、解决农田水利发展不平衡不充分问题的有效途径。要增强深化农田水利改革的责任感和紧迫感，把深化农田水利改革摆在水利改革的突出位置，切实加强组织领导，主要领导亲自抓，制定完善改革方案，细化责任分工，明确工作推进线路图、时间表和保障措施，抓紧抓好抓实。

2. 把握改革重点和要求。深化农田水利改革要全面贯彻落实党的十九大精神，以习近平新时代中国特色社会主义思想为指导，牢固树立新发展理念，积极践行新时代水利工作方针和治水新思路，按照实施乡村振兴战略和深化供给侧结构性改革的总体要求，以把农田水利搞上去为目标，以转变农业用水方式、推进农业水价综合改革、创新多元投入保障机制、加快产权制度改革、完善运行管护机制和健全基层服务支撑体系等为重点，进一步深化农田水利改革，加快推进农田水利高质量发展，为保障国家粮食安全、实现农业农村现代化提供坚实的基础支撑。

3. 强化改革经验总结推广复制。党的十八大以来，水利部和地方各级党委、政府深入贯彻落实中央新时代“三农”工作的决策部署，抓住重点领域和关键环节，进行了一系列农田水利体制机制改革创新，形成了一批可复制、可推广的典型经验和有效做法。要总结提炼改革经验和创新成果，典型引路、以点带面，采取政策引导、现场推介、座谈交流、宣传解读、专题培训等方式，加快经验及成果在适宜地区复制推广和其他地区参考借鉴，使改革实践由“盆景”变成“风景”。

二、创新农业用水方式

4. 坚持节水优先方针。把推进农业节水作为方向性、战略性大事来抓，实施国家农业节水行动。以水定地、以水定产，因水制宜、量水而行，结合农业种植结构调整、耕地休耕轮作、生态修复与治理等，优化农业布局和种植结构，合理确定农业用水总量。在水资源过度开发和地下水超采地区，要严控地下水开采，严禁大水漫灌，合理压减灌溉面积。完善农业节水体制机制和政策支持体系，加快发展节水灌溉，推动农田水利建设从提高供水能力向更加重视提高节水能力转变。

5. 推进农田水利设施提挡升级。加快大中型灌区续建配套与现代化改造，同步建设田间工程和用水计量设施。开展小型农田水利设施达标提质，推进灌溉信息化和智能化。全面实施区域规模化高效节水灌溉行动，加强节水灌溉关键核心技术和装备研发攻关，大力推广喷灌、微灌、管道输水灌溉等高效节水灌溉技术,在适宜地区从水源到田间整体设计,集中投入、建设一批重大高效节水灌溉工程。因地制宜发展集雨节灌和牧区高效节水灌溉饲草料地建设。加强节水灌溉工程与农艺、农机、生物、管理等措施的结合,积极推广水肥一体化。大力发展旱作节水农业。

6. 加强农业用水管理。全面落实最严格水资源管理制度,严格灌溉用水总量控制和定额管理,明确区域农业用水总量指标,明晰农业水权,保障农民用水合法权益,公平公正开展农业水权确权。加快培育和发展水市场,健全水权交易制度。推广农业水权水票、流转、回购等经验,鼓励农业水权交易。县级以上地方人民政府或其授权的水行政主管部门、灌区管理单位可以回购灌溉用水户或用水组织水权内节约的水量。加强灌溉试验站网建设及灌溉试验成果推广应用,分区分类科学确定灌溉定额并建立定期发布制度,指导科学灌溉。

三、加快农业水价综合改革

7. 实化细化改革目标。要按照国务院办公厅《关于推进农业水价综合改革的意见》,切实落实地方政府主体责任,健全工作机制,完善配套政策措施,加大改革工作力度,以县或灌区为单元推进改革。按照分步推进、全面完成改革的目标要求,倒排工期、节点控制,细化完善省级改革实施方案和分年推进改革计划,明确改革指标和路径,建台账、列清单,落实各项改革举措,把改革任务落实到市县和地块,把责任落实到部门、岗位和环节。

8. 综合施策同步推进。要统筹夯实改革基础、建立健全农业水价形成机制、建立农业用水精准补贴和节水奖励机制,突出重点,分类施策,加快推进农业水价综合改革,既要有利于促进节水,保障工程正常运行,也要总体上不增加农民负担,让人民群众有更多的获得感。坚持先建机制、后建工程,新(改、扩)建农田水利工程,同步推进农业水价综合改革。要量化绩效考核指标,实化问责措施,加强跟踪督导、检查与考评,确保改革进度、质量与效果。

9. 发挥典型示范带动作用。要发掘、总结、提炼形成一批涵盖不同区域、不同水源条件、不同灌溉方式、不同作物类型,以及不同改革目标、不同改革路径的农业水价综合改革示范案例,发挥示范引领作用。要大力复制推广"水权流转""引入社会资本""协商定价""超用加价、一提一补""井电双控、以电控水""财政精准补贴"等农业水价综合改革典型和模式。采取多种方式,做好改革典型经验宣传推介、政策措施阐释解读以及水情教育,引导农民树立节水观念,提高有偿用水意识,让广大群众了解、支持和参与改革,形成推动改革的良好社会氛围。

四、创新农田水利多元化投融资机制

10. 突出政府主导地位。要按照《农田水利条例》规定，全面落实政府对农田水利工作的组织领导、管理和监督责任。要强化农田水利的基础性和公益性，以及在实施乡村振兴战略中的重要地位，科学规划，切实把农田水利作为公共财政投入优先保障领域，进一步增加财政投入，用足用好金融支持政策，多方筹集资金。引导受益主体履行农田水利建设管理的责任和义务，推动形成政府主导、规划统筹、部门协作、社会支持、受益主体参与的工作格局。

11. 充分调动受益主体的积极性。充分尊重农民意愿和基层首创精神，强化财政投入的撬动作用，调动农民、农村集体经济组织、农民用水合作组织、新型农业经营主体等加大农田水利建设与管理的投入，支持其作为财政补助农田水利项目的建设和管护主体，也可采取"以奖代补、先建后补"等方式对其按照规划和标准开展工程建设与管护给予财政补助。

12. 鼓励和吸引社会资本投入。要创造条件和环境，激活主体、激活要素、激活市场，调动社会各方参与农田水利建设运营。通过招商引资、股权投资、政府和社会资本合作、合同节水管理等形式，引导和鼓励社会资本建设运营农田水利工程，采取投资补助、财政补贴、贴息贷款等政策措施保障投资方合理收益。社会资本享受政府补助建设与运营农田水利设施的，要充分保证农田水利设施服务范围内的原土地承包经营者的合法权益。鼓励社会资本吸收原农田水利设施受益户以入股或参与经营方式获取收益。

五、推进工程产权制度改革

13. 加快明晰工程权属。适应深入推进农村集体产权制度改革的要求，加快农田水利工程清产核资、确权颁证，及时验收登记造册。大中型灌区斗渠及以下田间工程可由水管单位代行所有权，也可由农民、农村集体经济组织、农民用水合作组织、新型农业经营主体等持有和管护。社会资本参与或受益主体自主建设的，按照"谁投资、谁所有"的原则落实工程所有权和使用权，依法享有继承、转让(租)、抵押等权益。积极探索农田水利设施股权量化、农民公平受益等改革，增加农民和农村集体经济组织的资产性收益，促进资源变资产、资金变股金、农民变股东。

14. 盘活工程资产。完善资产评估制度，建立农田水利工程产权交易、转让、质押和退出机制。支持农田水利工程所有权和使用权、工程建成后的供水收入等收费权作为抵质押物，吸纳金融资本投入农田水利建设。通过农村集体产权交易平台等实现农田水利工程所有权、使用权有偿交易转让，让资产在流动中增值。土地承包经营者在承包期内新建或转让等取得农田水利工程所有权的，承包期满后可有偿转让。充分发挥农田水利设施在农业特色经营、乡村旅游、休闲农业建设中的多重功能和综合效益，促进农村一二三产业融合发展，确保资产保值增值和农民增收。加强世界灌溉工程遗产以及古代农田水利设施遗址遗迹的发掘、保护与利用，传承和发展乡村水文化。

六、创新工程运行管护机制

15. 明确工程管护主体。工程管护可由所有权人自行管护，也可由所有权人采取租赁、承包、委托等落实管护主体。大中型灌排骨干工程原则上由政府设立水管单位，实行管养分离。小型农田水利工程可由农民、农村集体经济组织、农民用水合作组织、新型农业经营主体等自主管护，也可采取“以大带小、小小联合”等方式实行专业化物业式管理。鼓励通过政府购买服务、委托经营等方式，引进专业化社会化服务队伍等承担农田水利工程管理和维护。地方各级水行政主管部门要明确管护标准与制度，积极推行农田水利工程标准化管理，并强化监督指导。

16. 落实工程管护责任。完善大中型灌区、灌排泵站等骨干工程管理制度与监督考核机制，落实管护责任。推行小型农田水利工程所有权证、使用权证、管护责任书“两证一书”制度。采取委托等方式管理的，所有权人应与管护主体签订工程运行管护责任协议书，明确管护内容、标准和责任，约定奖惩措施和违约责任，强化合同执行的监督和考评，督促管护主体按规范要求和管护标准健全管护制度、配备人员力量，开展工程维修养护服务。县级以上各级水行政主管部门要加强对农田水利工程运行管护的监管和指导，督促工程产权所有者和管护主体切实履行管护责任。

17. 保障工程管护经费。工程管护经费原则上由工程所有者负责落实，县级以上人民政府应当建立工程管护由水费收入、经营收入和财政补助组成的合理负担机制。落实大中型灌排骨干工程公益性人员基本支出和工程维修养护经费。积极探索以工程所有权或使用权抵押融资、引入商业保险等解决运行维修养护费用。各级财政资金安排的农田水利设施维修养护支出要足额用于工程维修与运行管理，县级以上人民政府及其有关部门要制定工程管护经费筹集和使用管理办法，建立考核奖补机制。

七、创新基层水利服务机制

18. 加强基层水利服务机构能力建设。进一步强化基层水利服务机构公益性职能，加快推进基层水利服务机构标准化和规范化建设，推行村级水管员制度。全面落实河长制、湖长制，落实乡级河长、湖长责任，充分发挥村级河长和民间河长作用，推动村民共治，实现网格化管理，着力解决河湖管护"最后一公里"问题。实施水利"三支一扶"计划，采取定向培养、优惠政策吸引等措施，建立健全"引得进、留得住、能施才"的基层水利从业人员保障机制。大力开展基层水利技术人员、村级水管员的技术培训，逐步实现基层水利服务机构专业人员比例不低于80%的目标。

19. 扶持农民用水合作组织创新发展。加快推动农民用水合作组织向水利专业合作社、用水合作社和用水户协会多元发展，鼓励和引导农民用水合作组织与各类新型农业经营主体和服务主体互联互融。采取财政扶持、农村集体经济组织注资、从事农田水利工程运营管理等方式，提升农民用水合作组织管理和服务能力。积极开展农民用水合作组织国家级示范社创建活动，加强对示范社的跟踪指导。

20. 培育发展专业化社会化服务。推进农田水利科研成果市场化、产业化，注重技术标准与新产品、新技术、新工艺的有机衔接。因地制宜培育和发展专业化社会化服务队伍，推进农田水利工程专业化物业式管理。推广农田水利"110"等服务模式，建立健全行政管理、专业管理和受益主体民主自治管理相结合的农田水利管理体制。大专院校和科研单位通过定向委托培养、技术培训，以及开展科技下乡、对口帮扶活动等，发挥辐射带动作用，提升农田水利专业化社会化管理能力和服务水平。

农田水利改革事关农村改革、农业发展、农民致富，涉及面广、政策性强。各地在推进改革中要正确处理好政府与市场、顶层设计与实践探索、整体推进与重点突破、先行先试与推广复制的关系，大力宣传农田水利改革进展成效、典型经验和成功做法，充分调动各方面的积极性，稳步推进改革，力求取得实效。

附录二　河南省农业水价综合改革有关文件

文件一　河南省农业水价综合改革示范项目验收(暂行)办法

为切实加强对农业水价综合改革示范项目的完工验收管理,推进农业水价综合改革示范工作的顺利开展,根据国家有关政策和财政部、水利部关于农业水价综合改革的要求,结合我省农业水价综合改革示范项目实施的特点,制定本(暂行)办法。

一、验收范围

按照财政部、水利部联合下发的合规性审查意见和省财政厅、水利厅联合批复的年度农业水价综合改革示范项目实施方案,完成全部建设内容,且符合验收标准的农业水价综合改革示范项目,均执行本办法。

二、验收依据

1. 项目实施依据。主要包括:省财政厅、水利厅联合批复的年度农业水价综合改革示范项目实施方案;项目所在灌区管理单位对农业水价综合改革方案的意见;招投标文件;县级人民政府出具的承诺书,包括项目配套资金、推行农业终端水价、授予农民用水户协会水利工程产权(使用权)、农民合作组织参与项目建设管理的承诺等四个方面的书面承诺;项目建设目标一览表;项目建设投资概算明细表;项目建设方案实施保证措施等。

2. 项目建设管理、运行管理证明材料,包括工程设计、施工、竣工资料(单项工程设计说明书、设计图、施工图、竣工图等);现行施工技术验收规范以及主管部门有关审批、修改、调整的文件;工程建设阶段验收资料;工程产权单位、管理单位、使用单位证明材料;有关规章制度、管理办法等。

3. 水利部会同财政部合规性审查意见及整改情况。

4. 资金拨付文件以及会计凭证、账簿、报表、财务管理制度。

5. 节水灌溉技术规范及有关技术标准。包括《节水灌溉技术规范》(SL 207—1998)、《低压管道输水灌溉工程技术规范(井灌区部分)》(SL/T 153—1995)、《渠道防渗工程技术规范》(SL 18—1991)、《水利建设项目经济评价规范》(SL 72—1987)、《农业末级渠系改造示范项目管理办法》以及其他相关要求等。

6. 其他相关政策规定和技术资料。

三、验收具备的条件

1. 已按照批准的实施方案完成全部建设任务；
2. 经省财政厅、水利厅审查批准变更的建设任务已全部完成；
3. 编报了项目竣工决算，审计部门出具了项目竣工审计报告；
4. 审计、稽察、检查中发现的问题已整改到位；
5. 管护主体和责任已落实，工程运行维护机制已建立，工程能够正常运行；
6. 设计、施工、监理、财务等资料齐全并已整理归档；
7. 县级水利、财政等部门已完成自验。自验中发现的问题已经全部整改完毕。

四、验收需要提供的资料

验收资料整理由项目法人统一组织，有关单位应按要求及时提交，并确保其完整、真实、规范。

1. 年度农业水价综合改革示范项目实施方案及批复文件，有关建设内容变更的批复文件；
2. 财政投资评审相关资料；
3. 资金拨付文件，农民投劳筹资证明材料；
4. 招投标的相关资料；
5. 管理体制及运行机制相关资料；
6. 项目公示及宣传报道资料；
7. 项目竣工决算报表及审计部门的竣工审计报告；
8. 为确保示范项目良性运行制订的有关制度办法、出台的有关政策文件等；
9. 工程产权单位、管理单位、使用单位落实情况的证明材料；
10. 农业水价综合改革示范项目验收工作总结（按照附件 1 规定的格式、内容编写完整）；
11. 年度农业水价综合改革示范项目实际完成情况表（附件 2）；
12. 年度农业水价综合改革示范项目工程投资决算表（附件 3）；
13. 年度农业水价综合改革示范项目当年使用情况调查表（附件 4）；
14. 农业水价综合改革示范项目市、县初验阶段的专家评分表（参考附件

6）和验收意见（参考附件 7）；

以上材料按顺序装订成册，加封面 A4 纸幅竖装。

15. 项目实施方案、招投标的相关资料；

16. 监理、检测工作报告及相关资料；

17. 施工管理工作报告及相关资料；

18. 会计凭证、账簿、报表及项目竣工决算、财务审计报告等资料；

19. 工程建设的图片、影像资料；

20. 其他相关资料。

五、验收的组织与程序

（一）验收的组织

1. 整个示范项目的验收可分为初步验收和完工验收两个阶段，第一阶段有关市、县对项目自查自验为初步验收；第二阶段由省水利厅、财政厅或水利部、财政部组织有关专家进行的检查验收为完工验收。

2. 示范项目年度建设任务完成后，由县级水利、财政等部门组织自验，自验通过后及时向省级主管部门提出验收申请，由省水利厅、财政厅等部门共同组织对示范项目进行完工验收。

水利部会同财政部对示范项目的年度初步验收和完工验收情况进行重点抽查。

3. 验收时，项目法人负责通知参与项目建设的施工、设计、监理、勘测和主要设备供应商、运行管理等单位以及农民用水合作组织的代表参加验收会议，负责解答验收组提出的问题。

（二）验收的程序

1. 现场察看。对示范项目实施情况进行现场核查，内容包括：核查工程数量和质量（县级验收现场核查全部工程，省级验收现场核查工程数量不少于总数的 30%）情况、地方配套资金落实情况、资金使用管理情况、协会规范化建设情况、工程产权移交情况、水费计收情况、终端水价批复情况、工程管理责任制及规章制度制定情况、工程综合效益情况、竣工验收总结等内容，同时征求基层干部、群众意见。

2. 听取汇报。示范项目法人向验收组汇报项目建设管理的整体情况；施工、设计、监理、勘测和主要设备供应商分别汇报工作情况，解答验收委员会提出的问题。

3. 验收组评审。验收组审查项目单位提交的验收材料。重点对农民用水协会建设及运转情况、推行“三项制度”情况、工程完成情况、工程建设质量、地方配套资金落实情况、资金管理情况、工程产权移交情况、示范区终端水价批复情况、水费计收情况、工程管理责任制及规章制度制定情况、工程综合效益情况、竣工验收总结等内容进行综合评议。验收组根据打分说明(附件5),按百分制评分,由每位专家填写专家评分表(附件6)。验收结论分为四个等级:考评总分在90分以上(含90分)为优秀;89—76分为良好;75—60分为合格;60分以下为不合格。对工程验收中发现的问题,验收组要提出整改意见,明确整改期限,并及时进行复核。

4. 编写验收报告。根据验收组评议结果,编写验收报告,给出验收结论。对部分专家的保留意见,在验收报告中应予客观反映。

六、其他事项

有关市、县要认真对照项目实施方案要求的内容搞好自查自验工作,初验合格后,由示范项目所在地的市(县)水利(务)局向省水利厅提出完工验收申请。

对于示范项目建设未达到实施方案要求内容和目标,不能按时完成建设任务的项目,由示范项目所在地的市(县)水利(务)局向省水利厅提交延期验收申请报告,并说明未按时完成建设任务的主要原因。

七、本办法由省水利厅商省财政厅负责解释。

附件:1. 河南省农业水价综合改革示范项目验收总结(提纲)
2. 河南省　　年度农业水价综合改革示范项目完成情况表
3. 河南省　　年度农业水价综合改革示范项目投资决算表
4. 河南省　　年度农业水价综合改革示范项目使用情况调查表
5. 河南省　　年度农业水价综合改革示范项目验收打分说明
6. 河南省　　年度农业水价综合改革示范项目专家验收评分表
7. 河南省　　年度农业水价综合改革示范项目验收意见书

附件1　河南省农业水价综合改革示范项目验收总结(提纲)

一、基本情况

简要介绍项目县、项目所在灌区,项目区自然、经济概况,从项目招投标到竣工验收的组织与实施等。

二、工程建设任务完成情况

项目实施过程中是否对实施方案进行了调整,调整的原因、批准文件的执行情况;工程措施及完成情况,施工工艺及实施情况等。

三、协会规范化建设情况

农民用水户协会的建设数量、协会的分布状况及其管辖边界范围,管理的灌溉面积、人口等。协会对工程运行的作用。建成的工程设施、设产权归属情况,产权单位(国有、集体)。

在建立良性运行管理机制方面进行了哪些有益的探索,效果如何。

四、机制建设——农业终端水价改革情况

终端水价的核定与批复及实施情况。对水价核定和水费收取采取了哪些措施,效果如何。群众对项目管理运行方式及水费计价的评价及接受程度。

五、工程建设质量

在工程建设过程中,采取了哪些行之有效的管理措施和办法。采取何种有效措施,保证项目从方案编制、施工建设、验收全过程的质量管理。项目工程设计、工程施工有关情况。

制定的有关规章制度、管理办法等。是否采取了项目法人责任制、招投标制、建设监理制、合同制;对施工队伍、工程材料设备是否实行了招标投标制。采取了哪些新技术、新材料、新工艺,项目建设的科技含量如何。

六、建设资金筹措使用和管理情况

包括省财政扶持资金落实到项目的时间、数量、到位率;地方财政配套资金落实到项目的时间、数量、到位率;投劳数量及折资,使用其他资金情况等。各级财政、自筹资金、投劳折资比例等。资金使用、管理及审计情况,是否专款专用,制定的有关资金管理、使用规章制度等。

七、文件资料整理归档情况

所有应归档的文件资料是否齐全、完整、准确、系统;各类归档的文件资料是否符合档案管理要求;各类档案是否有专库存放和专人管理。

八、综合效益情况

项目施工对促进项目区节约用水、农业种植结构调整、增加农民收入、提

高农业综合生产能力等方面取得的综合效益。

(1)经济效益:投入产出情况分析,有关定评价技术经济指标,包括经济净现值、经济效益费用比、经济内部收益率等指标以及有关附表中要求的定量指标。

(2)使用有科学依据的数据分析,使用有指导、宣传意义的典型实例说明项目实施产生的社会效益和生态效益。

项目实施对项目区及群众认识节水灌溉的优越性、提高群众节水积极性所起的作用,对引导和推动当地及条件类似地区节水灌溉健康发展所起的作用。在综合节水方面采取的措施,取得的效果等。在项目建设和运行管理过程中采取了哪些形式和方式宣传项目、宣传节水,通过项目宣传对促进当地及周边地区节水灌溉的发展所起到的作用。

项目实施对当地生态环境的影响,重点分析对地表水、地下水利用情况,对农药、化肥使用情况的影响等。

九、存在问题、改进措施及建议

重点对示范项目实施过程中存在的问题及改进措施进行阐述,提出强化示范项目工程运行管理的意见建议或方法措施。

结合项目实施过程中取得的经验教训,从宏观政策、资金投入、工程运行管理机制、水价核定和水费计收、农业灌溉补偿机制等方面,对示范项目建设工作以及今后如扩大范围、推广完善农业水价综合改革工作提出建议和意见。其他需要说明的问题。

附件2　年度农业水价综合改革示范项目完成情况表

项目县(市、区)：

项目名称			
项目法人		项目负责人	
项目建设地点	市　县(市、区)　乡　(镇)		
开工时间		竣工时间	
设计单位		施工单位	
监理单位		工程产权代表单位	
主要建设内容			

项目投资(万元)	计划投资					完成投资				
	中央、省财政资金	市财政配套	县财政配套	群众投资	其他	中央、省财政资金	市财政配套	县财政配套	群众投资	其他

组织建设——农民用水合作组织规范化建设

协会组织)情况	注册登记会数(个)	协会总灌溉面积(万亩)	协会总人口(人)	培训人数(人)	办公房屋面积(m^2)	办公设施(套)	末级渠系是否拥有产权

工程建设——末级渠系节水技术改造

配建筑物(座)	桥	涵	闸	其他(　)

总工程量(m^3)	土方	混凝土	钢筋混凝土	其他(　)

工程情况	灌溉面积(万亩)			末级渠系建设长度(km)		量水设施(处)		其他(　)	
	恢复	改建	新建	改造	新建	改造	新建	改造	新建

项目县(市、区):

主要工程因素	渠道总长度(km)	管道总长度(km)	机电设备(套)	其他(　)

机制建设——农业终端水价改革

水价情况	国有工程供水价格(元/m³)		末级渠系水价		终端水价			水费收取情况			
	批复价格	执行价格	批复价格	执行价格	计量点位置	批复价格	执行价格	用水是否公示	是否计量收费	实收水费(万元)	水费收取率(%)

效益指标

效益状况	节水效益(m³)		经济效益		灌溉效益		
	亩节水量	年节水量	亩均粮食产量(kg)	亩均经济作物(元)	亩均灌溉次数(次)	灌溉周期(天)	水利用系数

技术经济指标	灌溉水利用系数由(　)提高到(　);粮食总产量(　)kg,增加(　)kg;农业总产值由(　)万元增加到(　)万元。年增产粮食(　)万kg、年增产值(　)万元,年节能(　)万kW·h、年省工(　)万个,节地(　)亩

说明:1. 建设地点具体到乡镇;2. 产权单位填写用水户协会;3. 该表要求打印填写。

附件3　河南省　　年度农业水价综合改革示范项目投资决算表

项目县(市、区)

序号	项目	项目规划设计投资(万元)						项目实际完成投资(万元)						备注
		合计	中央财政扶持资金	省级财政扶持资金	市县财政配套资金	群众集资	其他	合计	中央财政扶持资金	省财政扶持资金	市县财政配套资金	群众集资	其他	
一、组织建设——协会建设														
二、工程建设 1	建筑工程													
2	机电、金属设备及安装工程													
3	临时工													
4	其他费用													
4.1	建设管理费													
4.2	科研勘测设计费													
4.3	其他													
5	预备费													
三、机制建设——水价改革														
四、合计														

注:群众集资=村、镇集体自筹+农民投资+农民投物折资+农民投工折资。

附件4 河南省　　年度农业水价综合改革示范项目使用情况调查表

年份	用水户协会名称	控制面积（亩）	灌水次数（次）	总用水量（万 m^3）	节水量（万 m^3）	粮食产量（kg）	粮食产值（万元）	经济作物产值（元）	总产值（万元）
项目实施前的使用情况									
项目实施后的使用情况									

附件5　河南省　　年度农业水价综合改革示范项目验收打分说明

一、工程建设——末级渠系节水技术改造(25分)

1. 完成情况(15分)

严格按照实施方案的内容施工,项目建设任务按时完成(15分);未严格按实施方案内容进行施工,变更内容符合实际,并省财政、水利厅批准,项目建设任务按时完成(11~5分);对实施方案内容进行了变更,变更内容未经省财政、水利厅批准,或严格按照实施方案内容施工,但建设任务未按时完成(4~0分)。

2. 建设质量(10分)

工程设计、施工质量符合国家和有关行业标准,主体工程质量优秀(10分);工程设计、施工质量基本符合国家和有关行业标准质量较好(7~3分);工程设计不尽合理,工程质量问题较多(2~0分)。

二、组织建设——农民用水合作组织规范化建设(15分)

农民用水户协会有固定的办公场所,各项管理制度健全完善,工程产权明晰,产权证已颁发,农民用水户协会运行良好,能因地制宜对末级渠系节水改造工程进行多种形式的管理体制改革,取得显著成效(15分);有固定的办公场所,有各项管理制度,制定了管理体制改革方案,进行了尝试,取得了初步效果(12~7分);已建立农民用水户协会,但制度不完善,且没有进行管理体制改革(6~0分)。

三、机制建设——农业终端水价改革(20分)

出台了终端水价文件,在项目区内采取了科学的用水计量方法,用水量下降,亩水费下降,群众认同,做到了按成本价计费,水收入能够维持工程良性运行(20分);出台了终端水价文件,项目区内采取用水计量和水价改革措施,尚不能达到按成本计费(15~8分);采取用水计量措施,但无终端水价改革措施(7~0分)。

四、资金使用与管理(20分)

1. 地方配套资金(10分)

按照实施方案中承诺的项目配套资金数量足额、及时到位,且专用于项目建设(10分);未按实施方案中承诺的项目配套资金数量及时到位,但差额部分能通过其他渠道得到解决,且资金专项用于项目建设(7~2分);按照实施方案中承诺的项目配套资金数量足额、及时到位,但非专项用于示范项目或未按照实施方案中承诺的项目配套资金数量及时到位(0分)。

2. 资金管理(10 分)

资金使用、管理规章制度健全,做到专账核算、专款专用、专人管理,财务资料齐全,提供了财务审计报告(10 分);资金使用管理规章制度较为健全,基本做到专账核算、专款专用、财务资料较齐全,提供了财务审计报告(7~2 分);资金使用、管理混乱,财务资料不齐全,未提供财务审计报告(0 分)。

五、工程运行管理与维护(5 分)

工程建成后能及时明确工程管护组织和健全行之有效的运行管理机制(5 分);管理责任基本明确,有相关的工程管护组织和管理制度(4~2 分);管理责任不明确,无相关的工程管护组织和管理制度(1~0 分)。

六、档案管理(5 分)

所有应归档的文件资料齐全、完整、准确、系统(5 分);各类归档的文件资料符合档案管理要求(4~2 分);各类档案有专门存放和专人管理(1~0 分)。

七、综合效益(5 分)

项目区内灌溉水的有效利用率有了明显提高,节水、增产达到指标要求,社会效益、环境效益显著,同时促进当地农业种植结构的调整,推进了农业现代化和产业化进程,为当地及周边地区节水灌溉的健康发展起到了很好的带动作用(5 分);工程设施能够坚持使用,正常发挥效益,项目区内灌溉水有效利用率及水分生产率有了一定程度的提高,节水、增产基本达到了指标要求,没有进行观测对比试验,提供不出节水增效数据分析,未进行过宣传推广(4~2 分);不能正常使用,没有节水、增产效益,没有达到项目目标,示范带动作用差(1~0 分)。

八、竣工验收总结(5 分)

按要求提供了项目全部验收资料,总结内容客观、翔实,总结成绩、经验有深度,对今后工作有很好的指导意义,资料文字印刷清,装订规范(5 分);按要求提供了全部竣工验收资料,总结较客观,对成绩、经验有一定认识,对今后工作有一定的指导意义,资料文字印刷及装订质量一般(4~2 分);按要求提供了全部竣工验收资料,总结一般化,资料文字印刷及装订质量较差(1~0 分)。

附件6 河南省　　年度农业水价综合改革示范项目专家评分表

评分内容		分数分配	评分
工程建设	完成情况	15	
	建设质量	10	
组织建设(协会建设)		15	
机制建设(终端水价)		20	
资金筹集管理	地方配套资金	10	
	资金使用管理	10	
工程运行管理	责任制及制度建设	5	
档案资料管理	文件资料管理齐全、规范	5	
工程综合效益	节水、增产及社会生态效益	5	
完工验收总结		5	
总分		100	

专家签名：

附件7 河南省 年度农业水价综合改革示范项目验收意见书

项 目 名 称：
项目建设单位：
组织验收单位：
验 收 日 期： 年 月 日
年度农业水价综合改革示范项目验收意见及结论

验收组组长：
验收组副组长：
年 月 日

年度农业水价综合改革示范项目验收组成人员名单

序号	验收人员职务	姓名	工 作 单 位	从事专业	职务(职称)	签名
1	组长					
2	副组长					
3	副组长					
4	成员					
5	成员					
6	成员					
7	成员					
8						
9						

文件二　关于印发河南省理顺农业灌溉用电设施建管体制实施方案的通知

河南省理顺农业灌溉用电设施建管体制实施方案

为进一步理顺我省农业灌溉用电设施建管体制，增强农业生产用电保障能力，减轻农业用电负担，保护种粮农民利益，确保国家粮食安全，结合我省实际，制定本方案。

一、总体要求

以习近平新时代中国特色社会主义思想为指导，深入学习贯彻习近平总书记关于“三农”工作的重要论述和视察河南重要讲话精神，聚焦当前灌溉用电设施不足、管护组织缺失、管理体制不顺的井灌区，坚持问题导向，持续减少存量、坚决杜绝增量，加大投资力度、理顺管理体制、加强监管执法，力争在2023年2月底前解决全省农业灌溉用电价格较高的问题，为确保国家粮食安全、促进农民增产增收提供支持。

二、主要任务

(一)建立台账、统筹整改。各地要在集中排查已建高标准农田重点设施的基础上，着重摸清本地农业灌溉用电设施、灌溉用电价格较高农田的底数，2020年6月底前建立本地加强农业灌溉用电设施专项整改台账，分类确定建设、改造总任务，明确时间表、责任人，优先解决农业灌溉用电设施不足问题。省农业农村厅要会同省发展改革委、水利厅、电力公司，按照经济适用、安全可靠、先易后难的原则，分新建、存量两种类型，制定农业灌溉用电设施建设标准及验收移交程序，并组织各地开展专项培训。(责任单位：各省辖市政府、济源示范区管委会、各省直管县〔市〕政府，省农业农村厅、水利厅、发展改革委、电力公司)

(二)杜绝增量、理顺体制。从2020年3月起，新增的农业灌溉配套10千伏线路和配变设施由省电力公司投资建设，10千伏以下低压线路由县级政府整合涉农水资金建设。有关部门在编制、上报、实施高标准农田等年度建设项目计划时，要与相关行业规划有效衔接，优先安排农业灌溉用电设施建设并严格执行建设标准，电网企业要全程参与。使用政府性资金建设的农田水利设施建设项目，凡涉及农业灌溉用电设施的，竣工验收合格后，10千伏线路和配变设施无偿交由电网企业运维和经营管理，10千伏以下低压线路交由农民用水合作组织管护,未组建农民用水合作组织的暂由村级组织代管。(责任单位:省农业农村厅、电力公司,各省辖市政府、济源示范区管委会、各省直管县〔市〕政府)

(三)减少存量、分类实施。各地要建立农业灌溉及用电设施清单。属于政府性投资且产权关系清晰、符合建设标准的10千伏线路和配变设施,在2020年年底前由县级政府统一无偿移交给县级电网企业;产权关系不清、暂不符合建设标准的,在2022年6月底前由县级政府负责厘清产权关系、完成向县级电网企业移交工作;省电力公司要有序升级改造,2023年2月底前全部完成。农业灌溉用电设施中的低压供电设施不符合建设标准的,要纳入县级高标准农田建设等规划,逐年改造,符合标准后交由农民用水合作组织管护,未组建农民用水合作组织的,暂由村级组织代管。对愿意移交的个人或社会资本等投资建设的农业灌溉用电设施,县级政府要妥善处理产权、收益等问题。(责任单位:各省辖市政府、济源示范区管委会、各省直管县〔市〕政府,省农业农村厅、电力公司)

(四)完善机制、加强管护。各地要结合农业水价综合改革、水利工程建管体制改革等工作,组建农民用水合作组织,加快建立完善农业灌溉用电设施管护机制,通过农业水价综合改革等渠道解决低压供电运维费用,确保农业灌溉机井及低压供电设施长期良性运行。电网企业要加强对接收或建设的农业灌溉用电设施的管护,确保安全供电,增加的电网运行维护费用由省级负责统筹解决。(责任单位:各省辖市政府、济源示范区管委会、各省直管县〔市〕政府,省水利厅、发展改革委、农业农村厅、电力公司)

三、保障措施

(一)加强组织领导。各地要加强组织领导,统筹建设农业灌溉用电设施、理顺用电设施管护体制、推进农业水价综合改革等工作,协调解决重大问题,在2020年5月底前制定本地贯彻落实方案。县级政府承担主体责任,要建立工作台账、半年报告制度,定期报告工作情况。

(二)形成工作合力。发展改革部门要发挥牵头作用,加强与有关部门的沟通,及时协调解决有关问题。农业农村部门、电网企业要在项目计划安排、施工组织、验收移交等方面加强协作,加大资金投入力度,保质保量建设农业灌溉用电设施。水利部门要指导农民用水合作组织发挥作用,确保农业终端用水设施良性运行。省有关部门要加强向国家有关部委汇报沟通,争取政策、资金、项目等方面的支持。各级、各有关部门要加强协调配合,共同做好农业灌溉用电设施建设与管护工作。

(三)落实价格政策。各类农业灌溉用电设施必须严格执行国家制定的农业电价政策。井电灌溉执行县级价格主管部门制定的农业水价政策。受条件限制暂无法移交的农业灌溉用电设施,其转供电主体收取的井电灌溉费用标准不得超过县级核定的农业以电折水价格水平。市场监管、能源监管部门要加强对农业灌溉用电电价政策执行情况的监督检查,及时受理举报投诉,严肃查处违法行为。

(四)加强督促指导。各级、各有关部门要加强政策宣传,强化督导落实,注重发现典型做法,推广先进经验。省、市级有关部门要加强对县级有关部门的指导,推动工作落实落细。发展改革部门牵头负责年度总结通报工作,对工作好的予以表扬,对工作不力的要进行约谈、通报批评。

文件三　关于进一步加强农民用水协会管理和登记的通知

各省辖市、济源示范区,各省直管县(市)水利局、发展改革委、民政局:

根据国家统一部署,我省全面推进农业水价综合改革工作以来,各地积极探索,在省市县共同努力下,农业水价综合改革取得积极进展。县乡村农民用水协会的规范组建、规范运作,是推进农业水价综合改革的重要载体,是建立改革机制过程中不可或缺的重要环节。针对当前一些市县存在着组建农民用水协会的政策落实不到位、组织管理不规范、没能有效发挥好农民用水协会的作用等问题,现就进一步加强农民用水协会建设管理有关工作通知如下:

一、高度重视,提高认识

全面推进农业水价综合改革,是党中央、国务院从保障国家水安全和农业可持续发展的高度做出的一项战略部署,是贯彻习近平总书记新时期治水方针的重要体现,是落实习近平总书记视察黄河重要讲话的重要举措。农民用水协会是推进农业水价综合改革工作的重要平台,是目前消除农业水价综合改革“堵点”之一,打通农业水价综合改革“最后一公里”的关键。各地要提高对农业水价综合改革的认识,高度重视农民用水协会建设管理,采取得力措施抓实、抓好、抓到位。

二、严格程序,规范运作

去年,全省农业水价综合改革全面推开。但一些县(市、区)仍未组建农民用水协会。根据省政府要求,请各地认真抓好农民用水协会建设工作,依法依规做好农民用水协会登记工作,原则上先成立县级农民用水协会,对涉及改革的乡(镇)、村成立农民用水办事机构。民政、水利、发展改革部门要密切合作,共同推动此项工作的开展。2019 年底前已实行农业水价综合改革的县(市、区),要于 2020 年 6 月 30 号前完成组建。对今后新实施农业水价综合改革的,要在当年 10 月份前完成组建。此前已建成并注册过的农民用水协会,不再重新进行注册登记。

三、加强管理,提高效能

农民用水协会是以自愿参加、民主管理,合作互助为原则,经民主协商、大多数用水户同意并成立的非营利性的社会组织。农民用水协会的宗旨:必须遵守宪法、法律、法规和国家政策,提供农业供水相关服务,促进农业节水和稳产高产。农民用水协会业务范围:组织会员参与辖区内灌排工程的建设和承担工程维护、运行、管理;参与用水管理,为会员提供与灌溉、节水有关的技术、咨询、信息服务等工作;承接地方政府及部门委托或授权的相关业务工作。

各级水利部门要加强对农民用水协会的业务指导和管理,民政部门要做好登记工作。要充分发挥农民用水协会在农田水利工程管护和用水管理的桥梁纽带作用,协商解决大量小型农田水利工程和大中型灌区的斗渠以下田间工程有人用,没人管和老化破损严重等问题,为农业种植、养殖业提供灌溉排水、抗旱排涝等涉农用水服务,调处用水矛盾,指导会员单位使其管理的灌排设施长期发挥最大效益。